美国总统的口才艺术

Meiguo Zongtong De Koucai Yishu

郑月玲◎编著

中国纺织出版社

内 容 提 要

美国人类行为科学研究者汤姆士曾断言："发生在成功人士身上的奇迹，至少有一半是由口才创造的。"这话用在历届美国总统身上，是最合适不过的了。因为美国总统都是通过竞选而产生的，那些最终能够竞选上总统的人，无一不是深谙说话技巧、口才出众的人。从某种程度上讲，是好口才直接将他们推上了总统的宝座，改变了他们一生的命运。

本书中的这些美国总统，都拥有一流的口才，他们包括华盛顿、林肯、罗斯福、亚当斯、杰斐逊、艾森豪威尔、肯尼迪、杜鲁门、尼克松、克林顿、小布什、里根、柯立芝等，学习他们如何与人交流、沟通、辩论或演讲，无疑会有助于提高我们的说话技巧，有效改善和提高读者说话能力。

图书在版编目（CIP）数据

美国总统的口才艺术 / 郑月玲编著. --北京：中国纺织出版社，2014.11（2024.4重印）
ISBN 978-7-5180-0837-7

Ⅰ.①美… Ⅱ.①郑… Ⅲ.①口才学—通俗读物
Ⅳ.①H019-49

中国版本图书馆CIP数据核字（2014）第172773号

策划编辑：徐丽丽　　　　责任印制：储志伟

中国纺织出版社出版发行
地址：北京市朝阳区百子湾东里A407号楼　邮政编码：100124
销售电话：010—67004422　传真：010—87155801
http：//www.c-textilep.com
E-mail：faxing@c-textilep.com
中国纺织出版社天猫旗舰店
官方微博http://weibo.com/2119887771
北京兰星球彩色印刷有限公司印刷　各地新华书店经销
2014年11月第1版　2024年4月第2次印刷
开本：710×1000　1/16　印张：15.5
字数：161千字　定价：75.00元

前言

成功学大师戴尔·卡耐基曾说："如果你有好口才，可让更多的人喜欢你，可以交到更多的朋友，可以帮你获得更大的幸福，可以帮你开辟美好的未来，可以帮你打造人生的成功。"

稍微留意一下我们的身边的人，就不难发现，那些口才好的人，说话总是委婉含蓄，讲究的是点到为止，这让他们在人际交往中往往能够左右逢源，如鱼得水；而那些口才不好的人，说话往往不经大脑，口无遮拦，直截了当，这样的人注定处处碰壁，寸步难行。

口才在人际交往中的作用，历来被人们重视。早在第二次世界大战时期，美国人就把"口才、金钱和原子弹"看作是在世界上赖以生存和竞争的三大法宝。20世纪60年代以后，他们又把"口才、金钱和电脑"看作是最有力量的三大法宝。随着科学技术的迅速发展，"电脑"代替了"原子弹"，而"口才"照样独冠"三宝"之首，足见其重要性。

美国人类行为科学研究者汤姆士曾断言："发生在成功人士身上的奇迹，至少有一半是由口才创造的。"这话用在历届美国总统身上，是最合适不过的了。因为美国总统都是通过竞选而产生的，那些最终能够竞选上总统的人，无一不是深谙说话技巧、口才出众的人。从某种程度上讲，是好口才直接将他们推上了总统的宝座，改变了他们一生的命运。

人人羡慕好口才，人人更需要好口才，因为口才往往决定一个人人生的成败。好口才，就像黑暗中的一盏灯火，就像干涸土地上的一滴水，就像绵绵的细雨，就像柔柔的春风，能征服人的心灵，助人一臂之力，帮人开启成功的大门。

用到“口才”的地方很多，可以说遍及工作与生活的每个角落。从商者用它来卖东西、谈生意，律师则用它来打官司……然而口才的使用范围远不止这些。古语云“一言以兴邦，一言以丧邦”，就是说身为国家的栋梁之材，一句话说得好，能使国家兴盛，一句话说得不好，就能败坏国家的前途。可见会说话所具有的力量是多么惊人。

所谓“兴邦”、“丧邦”，在今天这个时代，就变成：口才是能用来打天下的。在西方国家，口才尤其受到重视，不但日常生活中离不开口才，在政治角逐中更离不开口才，比如美国总统的选举。

美国总统大都是口才大师，他们的话可以说是字字珠玑、句句精髓，鞭辟入里、直指要义，往往能起到点石成金的效果。学习他们的说话技巧，更容易练就一副好口才，从而在人际交往中左右逢源，在公开演讲中激情四溢，在辩论中舌战群雄，在职场中如鱼得水，在婚恋中应对自如。

本书中的这些美国总统，都拥有一流的口才，他们包括华盛顿、林肯、罗斯福、亚当斯、杰斐逊、艾森豪威尔、肯尼迪、杜鲁门、尼克松、克林顿、小布什、里根、柯立芝等，学习他们如何与人交流、沟通、辩论或演讲，无疑会有助于提高我们的说话技巧。

本书文字通俗易懂，语言清新流畅，观点新颖独到，案例生动有趣，理论结合实际，集知识性、趣味性、实用性及可操作性于一体，是一本能够有效改善和提高读者说话能力的上佳之作。

在本书的策划与编写过程中，作者得到了唐华山、郭东华、邱草、唐秀娟、胡芹、王沛同、唐洪飞、崔侠、郑海龙、崔艳、赵震凤、李彩莉、毕锋、郑海涛、郑茂章、王克友、王晓蕾、单文元、韩雪姣、王彦彦、闫龙、冉现荣、王郁松等人的大力帮助，在此向他们表示感谢。

限于编者水平，失误之处在所难免，欢迎各位读者批评指正。

郑月玲

2014年6月

目录

第一章　有一种口才叫幽默

第二章　讲话也需讲究策略

第三章　美国总统教你如何巧妙地拒绝别人

第四章 面对刁难，美国总统教你怎么办

第五章 以诚感人，以情动人

第六章　说话宜曲不宜直

第七章　美国总统在非常场合的应变之道

第八章 左右逢源的说话技巧

第九章　历任美国总统精彩绝伦的激情演讲

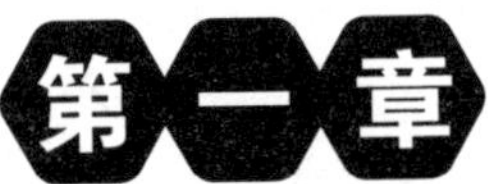

第一章

有一种口才叫幽默

求人帮忙时，像林肯那样幽默地说出你的请求

幽默能让互不认识的人一见如故，如同故友；幽默能让人摆脱困境，增强信心，在人生路上一路前行。

说话幽默的人，最容易获得他人的欢迎。幽默能让你的人际交往变得更顺畅，与身边的人相处得更和谐。当你发挥幽默口才，让与你交往的人捧腹大笑时，对方当然就会很乐意与你接近。

亚伯拉罕·林肯是美国的第16任总统，他是一个沟通能力强、说话特幽默的人。

有一次，林肯有事要从郊区步行到城里，那时他还不是总统，根本就没车。半路上，一辆汽车从身后开来，林肯扬扬手示意汽车停下。

汽车停下后，他走上前去对司机说："劳驾，您能不能替我把这件大衣捎到城里去呢？"

司机说："当然可以!不过，我怎样把这件大衣交还给你呢?"

林肯微笑着说："哦，这很简单，我打算把自己裹在这件大衣里头!"

林肯的幽默，打动了这位司机，他微笑着请林肯上了车。

一路上，两人有说有笑，很快就到了目的地。

幽默可以润滑人际关系，消除紧张，减轻压力，使我们的生活更富有乐趣；它能让互不认识的人一见如故，如同故友；它能让人摆脱困境，增强信心，在人生路上一路前行。总之，幽默是一种绝妙的沟通能力。

稍有点生活阅历的人都知道，求助一个陌生人的帮助，是非常难的。在这个故事中，林肯想搭别人的车进城，但并没有直接说出自己的想法，而是用幽默的语言，和对方开了个小玩笑，这让对方感到很亲切，搭车也就顺理成章了。

写文章的人都知道“人贵直，文贵曲”的道理，幽默口才其实就像写文章，说得委婉一点会更受人欢迎。有些话若说得太直接会让人难以接受，而直话曲说，硬话软说，丑话美说，将话说得有些趣味，则人人爱听，办事也自然会更顺畅些。

故事中，林肯采用直话曲说的方式，把自己的真实想法掩藏在“大衣”里，司机即便为人冷漠拒绝了林肯，林肯也不会感到很尴尬。再者，司机若想拒绝林肯的请求，那么在林肯刚开口请求司机捎大衣的时候，可能就会被拒绝了。通常而言，因为衣服较轻，较易捎带，一般人还是愿意帮忙的。但是，如果一张口就让一个人捎带一个陌生大男人的话，很多人司机还是要思量思量的。因此，林肯让司机捎带大衣其实是一种投石问路的策略，若司机不拒绝捎带大衣，那么捎人也自然就不言自明了。

在这里，林肯表面上是让司机捎带大衣，事实上是想请司机捎自己进城，大衣其实就是人，人其实就是大衣，两者都是同一语境下的东西。旅途寂寞的司机，遇到像林肯这样一位说话幽默的人，自然是乐于帮助，做一件举手之劳的好事。

有位哲人说“微笑是两个人之间最短的距离”，而幽默最容易给人们带来会心的微笑。幽默是一种睿智的表现，它就如同化学实验中的酸碱中和反应，能让两种事物在一定程度上达到相对的平衡状态，因此幽默不但能化解人际交往时的冲突和尴尬，还能给人们带来欢笑。

夫人失足跌倒，里根妙语解尴尬

当你以后遇上此类尴尬事时，不妨也学学里根，自搭台阶，用幽默的妙语，为自己或他人摆脱尴尬。

很多时候，幽默的语言可以让我们轻松地摆脱尴尬。有一次，美国第40任总统罗纳德·威尔逊·里根在白宫钢琴演奏会上讲话。突然，他的夫人南希一不留神连人带椅跌落在台下的地毯上，观众一阵惊叫。但是南希却灵活地爬起来，在200多名宾客的热烈掌声中重又回到自己的座位上。

正在讲话的里根看到夫人没有受伤，便说了这么一句话："亲爱的，我不是告诉过你了吗，只有在我的讲话没有赢得掌声时，你才应该表演你的节目。"

听了里根这句俏皮话，你能不为他的机智、诙谐而热烈鼓掌吗?

这个钢琴演奏会是在白宫举行的，可以想见其规格之高，出席这种高规格演奏会的人，肯定也都是社会名流与各国政要。但不幸的是，里根夫人却在这样重要的场合连人带椅跌落台下，尴尬可想而知。

虽然事件发生后，现场观众对"失足"的南希表示关切，并以热烈的掌声给予鼓励，但在这种场合出现这样的事，毕竟是很丢面子的事。南希当时肯定慌张急了，虽然在第一时间灵活地从地毯上爬起来，却不知该如何为自己摆脱尴尬说什么。如此一来，里根就责无旁贷地要为夫人摆脱尴尬而花费心思了。

钢琴演奏会本应是充满欢乐的表演，在这里里根灵机一动，将夫人的"失足"比喻成"表演"，一个词就化腐朽为神奇，让在场的人都心情愉悦起来。

更绝妙的是，里根并没直说南希是在“表演”，而是说“我不是告诉过你了吗，只有在我的讲话没有赢得掌声时”这个前提，且这个前提是首先得到自己的“允许”，当然这个允许和前提都是里根故意虚构的。里根的目的很明显，那就是将自己扯进事件中，为南希的“失足”担当责任。这看似事先商量好了的一句假话，极富人情味，幽默风趣尽显，让人不得不钦佩里根的高超语言技巧。

可以想见，里根若是个口才不好、不懂幽默的人，遇到这样的突发事件，很可能会拉长着脸一声不吭，素质低点的人，或干脆就大声抱怨对方，向对方射白眼，对于参加活动的人，那将是多么的无趣啊！

因此，当你以后遇上此类尴尬事时，不妨也学学里根，自搭台阶，用幽默的妙语，为自己或他人摆脱尴尬。

那么，当你遭遇窘境时，该怎样利用幽默给自己解围呢？

1. 运用“趣味思维”方式

这里所说的“趣味思维”是一种反常的“错位思维”，也就是不按正常的思路想问题，而是“岔”到有趣的方面去捕捉事件中的喜剧因素。

比如，美国著名演说家罗伯特是个光头，有人嘲笑他出门老忘戴上帽子，罗伯特却说：“你们是不知道光头的好处，我可是第一个知道下雨的人。”罗伯特不但没有避讳自己的“秃顶”，反而赞美了光头，这就是在自己身上找到了“喜剧因素”。他的思维“错位”令他想的与别人不一样，于是幽默便产生了。

2. 在瞬息构思上下功夫

运用幽默解围是一种“快语艺术”，它需要的是灵光一闪的智慧。你一定要做到想得快、说得快，触景即发，既出人意料，又在情理之中。

比如，一位将军问一名士兵：“贝多芬是哪国人？”士兵回答：“是英国人吧。”这位将军煞有介事地说：“哦，原来贝多芬也是会搬家的。”士兵对如此常识性问题都回答错误，肯定令将军不悦，但是将军用他幽默的语言，对士兵进行了善意的批评，化解了尴尬。

幽默让布什显得更有风度

很多名人都懂得如何在日常生活中运用幽默，特别是在自己遭遇尴尬或灰心失意的时候，用幽默帮助自己恢复快乐的心情，体现良好的个人风度。

对于展现一个人的风度来说，语言是一面很重要的镜子。在与人交际时，如果能做到谈吐幽默风趣，就能为个人形象加分，从而让你更容易交到朋友，并增进人际关系的和谐。

布什总统有一年曾到某个国家出席一次新闻发布会，当他正在台上演讲时，居然有一位记者向台上的他投掷了两只皮鞋，以表达他对美国人的极端愤怒和厌恶。

经过短暂的惊愕，布什总统很快恢复平静，并且很幽默地开口说道：“我能报告给大家的就是，这鞋子是10码的!”

在这里我们不谈国与国之间的是与非，在如此境遇之下，布什总统表现出来的良好风度，是非常值得我们赞赏的。假如他因为此事发狂，可想而知，只会成为各国媒体的笑话，但他用幽默机智的话语，不但消融了此次风波，更展现了自己作为一个国家领导人的良好风度和优秀素养。

很多名人都懂得如何在日常生活中运用幽默，特别是在自己遭遇尴尬或灰心失意的时候，用幽默帮助自己恢复快乐的心情，体现了良好的个人风度。

生活中，话语中带些幽默感能够让朴实无华的表达更富变化，并给人带来一份惊喜，使听者在交谈时感觉到自己的良好风度，从而产生交友的愿望。幽默，既能够锦上添花，也能雪中送炭。

通常，那些有风度的人可以较好地克制个人的情绪波动，从而保持好自己的仪态，显得落落大方。在生活中，只要我们多注意，就能发现不少有风度的人物，他们散发着一种独特的魅力。即便是在一些很小的场合，这些人也能够充分地展示出他们的良好素养。

美国人大都非常幽默。有一位美国顾客在喝咖啡时看到杯子里有一只苍蝇，于是他喊来服务生，和颜悦色地对他说："你好，尽管我认为在颜色单调的咖啡里加一些点缀是个不错的主意，不过你应该把苍蝇和咖啡分开来放，这样可以让那些喜欢的人自己添加。你觉得这个主意如何?"服务生立刻愧疚地连连道歉。

这位美国人并没直接数落教训服务员，而是用幽默的言语委婉地批评了对方，这样的方式柔中带刚，既能让对方易于接受，也不会损害自身的形象。这种随机而生的幽默智慧的确令人叹服。

在正式场合，就更应该注意自己的风度了，特别是那些公众人物，因为自身形象的好坏，对公众影响巨大。无论是面对多么不利的境地，公众人物都应权衡利弊，尽可能地创造一个轻松的谈话环境，缓和紧张情绪，从而能够保持轻松平和的心态与风度。

将自己的个性融入幽默中

在当代社会，凡事都讲究包装以及推销自己，这就需要提高自己的辨识度，并且最大限度地让自己的一切个性化。

俗话说：“师父领进门，修行在个人。”模仿与学习只是开始而非结束。若想把幽默锻造成个人品性中的一把利器，只有将幽默和个人特点融为一体，自成一家，才能所向披靡、战无不胜。

幽默的最高境界，就是真实自然不做作，不过要想达到这种“水到渠成”的效果，需要把幽默融人到个人品性之中才能做到。假如一个人能充分消化吸收技艺性的幽默，并同时结合个人特质，形成独具匠心的个性化幽默，就可以逐步形成融合了个人特色的幽默风格。

说起幽默，它并没有什么好或者更好之说，因为适合自己的就是最好的。

美国总统柯立芝最初的职业是律师，这让他形成了严谨的处事风格。当然并非严肃的人就不懂得幽默，柯立芝在当选总统后，他的谨言慎行也不能遮住他那极富讽刺色彩的幽默风格。

因为柯立芝素日沉默寡言，很多人就以能和他交谈为荣。在一次宴会上，一位夫人坐在柯立芝总统身边，她想方设法地希望柯立芝能和她多聊几句。她说：“柯立芝先生，我跟别人打赌：我一定可以从你嘴中引出三个以上的字眼来。”柯立芝立刻回答道：“你输了!”

还有一次，一位社交界的名媛和柯立芝并肩而坐，她在口若悬河地高谈阔论，然而柯立芝仍然一言不发。她只好对柯立芝说：“总统先生，您过于沉默寡言了。今天，我一定要设法让您多说几句话，至少得超过两个字。”只听柯立芝总统咕哝着说：“徒劳。”

这便是柯立芝的风格，不鸣则已，一鸣惊人，他在保持自己风度的同时，还透漏出潜在的幽默。

美国作家马克·吐温也是一位幽默大师，他在生活中的行为举止就如同他的小说作品中刻画的人物，在怪异中显露出幽默与讽刺。

马克·吐温日常穿着非常随意，其妻常因为他外出做客时不穿衣领不打领带而发牢骚。有一天，马克·吐温照旧这样外出归家，妻子也依然对他的服装唠叨抱怨起来。

马克·吐温实在忍不下去了，他去找出一只领子和一根领带，并且认真包起来，然后派人把它们送到刚才做客的朋友家去，并附带了一张纸条。纸条上写着：“在刚才拜访您的半小时中，我没有穿衣领，也没打领带。现特地送上这两样东西，请您对着它们看半个小时，然后再给我送回来。”

看得出，他是不满夫人的抱怨和唠叨，因此使用这种幽默的方法来解决问题。没准他的小说中充满幽默的根源就在于他自己的生活。

在当代社会，凡事都讲究包装以及推销自己，这就需要提高自己的辨识度，并且最大限度地让自己的一切个性化。幽默也是一样，就像借来的东西最后得还回去，只有达到“一切都是我的”之境界，才能称得上真正的“幽默达人”。

罗斯福将乐观心情巧妙融入幽默中

要想在发生坏事情时还能笑得出来，秘诀就是找到其中好笑之处，顺藤摸瓜找出“笑点”来。

罗斯福当总统以前，家中曾遇窃贼，有朋友写信安慰他。然而罗斯福回信说：“谢谢你的来信，我真的挺好，因为：第一，小偷只偷去我的财物，并未伤害我的生命；第二，小偷只偷走一部分东西，而不是全部；第三，最值得庆幸的是，做贼的是他，而不是我。”

学会怎么消遣自己，无疑是人生旅途中一个很重要的课题。也许有人会问：“当遇到挫折或压力太大时又如何能笑得出来?”是的，这的确很难，但是正因为很困难，所以此时才更需要笑出来。因为“当我们能够对自己所遭遇的不幸与挫折一笑置之，甚至有雅量自我解嘲时，就代表我们已经不再畏惧失败了。”作家凯萨琳·费丝曼这么告诉人们。

钱钟书先生曾说过这样一句话：“幽默能减少人生失意的严重性，绝不要把自己看得严重，真正的幽默是能反躬自省的。”这不仅对人生是幽默的看法，它对幽默本身也是很幽默的看法。

幽默的实质就是面对不同环境所采取的乐观态度。一个人能拥有什么样的人生，就在于他怎么看待自己。

假如人们把事情看得过于严重，其人生就会沉重不堪；反之，假如人们能轻松面对一切艰难，那么人生就会变得轻松。

是的，或许态度并不能改变事实的存在，发生在人们身上的各种不幸遭遇，并不因为看法的改变而离去。但是通过轻松、幽默的方式，却能令人摆脱困顿的束缚，并把注意力转移到好的地方，为自己和他人打开一扇新的窗户。

要想在发生坏事情时还能笑得出来，秘诀就是找到其中好笑之处，顺藤摸瓜找出“笑点”来。

举例来说，人生经历越是祸不单行，旅途越是不顺利，被骗的经验越是匪夷所思，计划好的事越是出了意外，演出越是无聊，客户越是刁难，售货员越是粗鲁，学生越是笨拙，医生越是无能无力，飞机降落前在上空盘旋越久越是惊险……啊，当事情变得更糟糕、更离谱时，往往结果就会越好笑。

是地狱，还是天堂，仿佛就只在这一念之间。

适时自嘲，林肯妙语避难堪

与人交往时，当你突然遭遇尴尬之境时，在不好直接承认或否认的场合，不妨采用自我解嘲来化解尴尬。在具体采用时，也要讲究技巧，比如巧妙运用数字对比法、换位宽慰法等，通常都会收到良好的效果。

林肯的妻子叫玛丽·托德·林肯，在林肯当上总统后，她自恃是美国第一夫人，说话做事变得十分骄横无礼，脾气大得出奇，经常在外面得罪人。

玛丽·托德·林肯动不动就对人大发脾气，比如她一会儿责骂做衣服的裁缝收款太多，一会儿又会痛斥肉铺、杂货店的东西卖得太贵，很多与她打交道的人，都很是受不了她。

终于有一天，一个吃够林肯妻子苦头的人，去向林肯诉苦。林肯认真听完那人的诉说后，一脸苦笑地说道："我已经被她折磨15年了，先生，你就多忍耐她15分钟不就完了吗？"

在听到对方的诉苦之后，林肯既没附和对方斥责自己的妻子做得不对，也没露出一副窝囊相做出无奈的模样，而是用一句幽默的话，很有分寸地说出了自己的见解，给对方指出了问题的解决之道。

可以想象，林肯对自己妻子的坏脾气，比任何人都更无可奈何。林肯在听完别人的诉说后，最好的方法其实就是用自我解嘲来化解当前的尴尬。

"我已经被她折磨15年了"，这话听起来，是多么的让人同情啊。面对这样的人，你还能抱怨什么呢？如此一来，诉苦之人的烦闷也就会大大减少，会想：“连总统大人都要忍受他妻子的坏脾气，我又能怎样呢！”

林肯是不是个“妻管严”我们这里不探讨，我们只说说一个丈夫，在遇到有人说妻子不好之话时，该如何应对。

别人在你面前说配偶不好的话，或受了你的配偶的委屈来向你告状，哪怕是真实的，你也不要轻易直接承认或否认。

我们不妨学学林肯的高招。在这个故事中，林肯面对别人的诉苦，至少有多种选择：第一，不承认妻子脾气不好，认为别人是污蔑，极力维护总统和总统家庭的尊严；第二，承认妻子是坏脾气，甚至代妻子向对方道歉；第三，不给出具体答复，只含蓄地用语言宽慰对方。

聪明的林肯，选择的是第三个方法。他用幽默宽慰对方，让对方从自己适度的自嘲中主动停止诉苦，甚至让对方情不自禁地发出笑声，缓解其压抑已久的心情。

更为高明的是，林肯还在语言中采用数字对比的方法，用“15年”和“15分钟”来形成强烈对比，让对方觉得前者时间是如此的漫长，后者的时间又是那么的短暂。

这就会给人带来一种下意识的直观感受：虽然同样是忍，由于前者时间太长，忍耐的程度一定是十分痛苦的；而后者时间如此短暂，忍耐的程度相对而言也就会相对好受些。

也许经林肯这么一说，对方还会暗自庆幸：“总统大人真惨，天天都要受气。而我，就忍这点委屈算什么呀！”

事情还是那件事情，林肯仅仅用了一句带数字对比的宽慰式自嘲，效果瞬间就立竿见影，让诉苦之人不再抱怨而心怀同情。

与人交往时，当你突然遭遇尴尬之境时，在不好直接承认或否认的场合，不妨采用自我解嘲来化解尴尬。在具体采用时，也要讲究技巧，比如巧妙运用数字对比法、换位宽慰法等，通常都会收到良好的效果。

幽默的语言能带给人欢乐

无论我们遇到什么，都应该乐观地活下去，让自己心态轻松，这不仅能给自己带来快乐，也能给别人送去欢笑。

1981年3月30日，刚上任两个多月的里根总统，在华盛顿希尔顿饭店召开的一次劳工集会上发表演讲。

出来时，一个青年刺客向他开枪射击。

里根被击中，一颗子弹距离心脏仅3英寸。他被紧急送进医院。在被推进手术室的途中，他含笑对医护人员说："请向我保证，你们都是共和党人。"

"总统先生，今天我们这里，都是好的共和党人。"一位医生随机应变地答道。

手术后的第二日清晨，一名护士进来，为里根拔掉插在鼻孔里的导管时，里根总统充满信心地说："我很快就会痊愈的。"

"愿您继续坚持下去。"护士附和着说。她的意思是希望里根继续保持乐观的心态，只要坚持下去，就一定能很快痊愈。

里根当然明白护士的意思，但他却故作惊慌状，惊问："你的意思是，我的这种遭遇，还将发生几次？"

说完哈哈笑起来。护士见他如此轻松，也跟着笑起来。

又有一次，里根见医护人员像往常一样都围在他身边，就幽默地调侃道："如果当初我在好莱坞也这样引人注目的话，我肯定不会退出电影界的。"

里根总统非常热爱表演艺术，以前也确实在好莱坞当过演员。这话说出来后，医护人员都被总统的幽默逗得乐作一团。

这次被刺事件，因为里根总统的乐观心态与幽默话语，本应该到处是悲痛氛围的医院，却充满轻松的气息。

人生是一次短暂的旅行，无论我们遇到什么，都应该乐观地活下去，让自己心态轻松，这不仅能给自己带来快乐，也能给别人送去欢笑。在这方面，里根总统无疑是非常值得我们学习的。

小布什一语双关，实现自己的目的

一语双关是一种很好的沟通方式，它可以避免把话说得太直、太透，为了不引起别人的不满，而对自己产生不利影响，我们不妨一试。

小布什是个非常幽默的人，即便是在国际大事上，他也会找适当的机会幽默一把。有一次，他说："我会坚持强硬的外交政策。前不久，我就将4名俄罗斯外交官踢出美国——因为他们竟然忘了关掉自己的手机！"

小布什用的其实是一句双关语，因为他不喜欢白宫工作人员使用手机。小布什用双关之语，将本来严肃、沉重的话题和气氛，变得相对轻松、幽默，更让人易于接受。

稍懂点国际政治常识的人都会明白，小布什的这句话，可不是一般的幽默，所有的玄机，他所真正想表达的意思，其实就在最后一句里。

对常人来说，在与人交流时忘了关手机，并非一件大事。但对一个国家的外交官来说，那就大不一样了。因为身份和场合的不同，不关手机这件小事，也就具有了完全不同的含义。

就国家安全而言，外交官若不关手机，就有通过手机向本国通报他国国家机密的嫌疑，而这将对对方国家的国防安全造成威胁。

换言之，小布什所说的"不关手机"和"泄密"是同义的，谁若不关手机，就有是"间谍"的嫌疑。

人类的语言丰富多彩，变幻无穷，特别是汉语，相同的一句话，因为场合、对象等外在因素的变化，说出来就会表达出不同的意思。同时，有些词语本身就包含有两种相反的意思在内，在特定的场合传达出与别人期望值相反的东西，幽默就应运而生了。

我们再看看下例。

一家餐馆里，走进来一对年轻夫妇。丈夫出手大方，一口气点了满满一桌子菜。没想到点菜过多，两人没能吃完，只得惋惜地起身离开。这时，热情的服务员走了过来，递给他们一个食品袋，笑着说："二位别急着走呀!来，请你们吃不了兜着走!"话音刚落，这对夫妻忍不住"扑哧"一笑，感激地接过食品袋装下了桌上剩余的菜肴。

"吃不了兜着走"这句话，通常是"吃不消"的意思，但服务员却根据当时的情景，把它的原义"吃不了的饭菜用袋子兜走"还原使用，使一句原本含有威胁、损人的话，变成了风趣、幽默、充满友好和温暖的劝告，收到了很好的幽默效果。

语意双关幽默术作为一种实用幽默技巧，谁都可以在适当的时候把它派上用场，想成为聊天讨论主角的你，更要熟练掌握它。

但真正能够熟练运用此招的难度是很大的，你必须注意这样几个问题：首先，你要分析事物之间的内在联系；其次，你要使用生活中常见的某种现象，选择你一说大家就都能马上会意的词汇与事情，才能让人一下子就能听得明白，切忌用语艰深，否则难免会导致听众感到费解或产生歧义。

总之，一语双关是一种很好的沟通方式，它可以避免把话说得太直、太透，为了不引起别人的不满，而对自己产生不利影响，我们不妨一试。

幽默令人更具亲和力

用幽默的言谈，表现出自己的亲和力，是所有领导人物都应追求的说话技巧。

一个人能够具备幽默的谈吐，就能更好地表达自己的友善态度，它能令谈话对象的拘谨心情得到放松，缓和紧张沉闷的气氛，让对方觉得自己和蔼可亲，有助于塑造良好的自身形象。这就是幽默具有的亲和力。

有一天，林肯和一位新任的部长一边走一边交流，来到走廊的时候发现有一队士兵正在那里等待，准备接受总统的训话。士兵们见到总统来了，齐声欢呼起来。这位部长却没有意识到总统要做的事情。一位副官示意他退后几步，这位部长才忽然发现了自己的失礼之处，因此非常尴尬。

此时，只见林肯马上微笑着对他说："先生，其实他们也许根本就分不清谁是总统呀!"

在部下失礼的时候，林肯没忘记幽默一下。在让这位失礼的人有台阶可下的同时，也让全体在场的人感受到了总统的和蔼可亲、平易近人的一面。

亲和力是人际交往的黏合剂，这一点在上下级关系中尤其重要。作为上级，若能拥有亲和力，便可用自己的幽默感染下属，从而赢得下属的尊敬与信任。

其中，自嘲是一种常用的拉近彼此距离的方法。生活中，有些人担心自嘲会降低自己的威信。这种想法其实多虑了，自嘲若能做到放松自然，不仅能展现一个人的胸襟宽广，还能让自己看上去更加和蔼可亲。

肯尼迪就很善于用幽默表现自己的亲和力。他曾在1962年，与夫人杰奎琳一起访问法国。在法国，肯尼迪夫妻多次被要求介绍自己，并发表对法国之行的看法。

当肯尼迪在夏乐宫再次被问到类似的问题时，他没再用官方的答案，而是笑着说："本人是一位陪同杰奎琳·肯尼迪来到巴黎的男士，为此，我感到十分荣幸。"

对政界人物而言，介绍自己既是一件简单的事情，同时也是一件极不简单的事情。假如总是依照惯例来介绍自己，就会让人觉得他在应付，假如对自己说得太多，就又让人觉得十分张扬。然而肯尼迪巧妙地把自己放在陪同妻子的丈夫身份上，既体现了尊重妻子和女性的绅士风度，又显露了自己的亲和力。肯尼迪的这番言语在崇尚浪漫的法国自然博得了国民的称赞，并因此奠定了肯尼迪在法国人民心中的亲切以及优雅的形象。

华盛顿巧妙设喻，营造谈话氛围

在反击他人的不善话语时，用巧妙设喻的方法，不仅会让你看起来更大气，还会对自己进行最好的保护。

有一年冬天的一个晚上，华盛顿和一些客人坐在自家壁炉边，边喝茶边聊天。

刚开始的时候，华盛顿是背对着壁炉在那聊天烤火，后来，炉火烧得越来越旺，他觉得后背太烫，就转过身，对着壁炉正面坐下来。

这时，客人中一位爱开玩笑的，就对华盛顿说："将军啊，你应该顶住战火才对呀，怎能畏惧战火退缩呢？"

华盛顿接话道："您错了！我作为一名将军，本应直面战火迎接挑战才对，我若是用后背对着战火，那岂不成了临阵脱逃的败军之将了吗？"

在这个故事中，客人将炉火喻作战火，以此与华盛顿开玩笑。华盛顿也不回避，巧妙地顺着客人的思路，用换个方向就将脸朝着壁炉的行为，形象地喻作勇敢地直面战火，为自己躲避灼热的炉火行为，找到了一个无懈可击的说法。

当那位客人用"你应该顶住战火才对呀"来得出"怎能畏惧战火退缩"时，华盛顿立刻顺意而为："我若是用后背对着战火，那岂不成了临阵脱逃的败军之将了吗？"机智地用对方的原始思路，给出了自己之所以这样做，更为正确、合理的答案。

虽然都是“火“，但炉火和战火本就是两码事，按说客人这样开玩笑，华盛顿本可不用回应，一笑置之也没人会说什么。但华盛顿却凭着自己的机智多敏，给予了精彩的回答，增加了快乐的气氛，让大家交流得更开心了。

在这里，客人只是和华盛顿开玩笑，是善意的，但在生活中，有些人可能会故意利用你的伤疤用话语来刺激你，这就需要我们予以反击了。

在反击中，如果你能像华盛顿这样，用巧妙设喻的方法，不仅会让你看起来更大气，还会对自己进行最好的保护。

特别是在有些公开场合，还可能因为以前你曾犯过的错，有人或别有用心或不明就里，当面质问你的不光彩历史，揭你的疮疤。如果你去直接解释，大概没多少人会原谅你，况且在自己的错误上纠缠更会越搞越糟。这时你可以用比喻的方法，让刁难你的人，设身处地地体会你当时不得已而犯错的情景，这往往要比千百句解释要有效得多。

一个幽默的结尾会让演讲回味无穷

并非只要是简短的演讲结束语就能取得好的效果，还必须具备精彩的内容，深远的寓意。这就需要我们借助幽默的力量来实现。

里根总统曾经在一个颇不寻常的时间空当——午宴之前发表过一次讲话，他的最后两句话就非常巧妙："很感谢你们，愿上帝能够保佑你们。下面是你们现在十分期待从我嘴中听到的一句话：'我们马上吃饭吧，现在就开始!'"

演讲的结束语有很多种，幽默式的结尾是其中比较有情趣的一种。如果一场演讲能在大家的笑声中结束，就能给演讲者与听众双方都留下一份愉快而又美好的回忆，这也是演讲圆满结束的形式化的标志之一。

通常而言，结论是演讲最为重要的一部分，如果说引言是你给大家带来的最初印象，那么结论就是你能给人们留下最后印象的一次机会，在决定听众是否能记住你以及评价你的演讲水平方面起着关键性的作用，将直接影响到你在大家心目中的形象。

在一次全天高层会议中，尼尔·拜伦作为此次会议的第18个演讲者，也是最后一名演讲者。他知道台下的听众们已经厌烦到了极点，于是他将自己已经准备好的长达五页的演讲浓缩为了下面的几句话，也是他在此次演讲中唯一的几句话："非常感谢大家为我们的闭幕大会而留了下来，我当然也很希望保留到最后的也是最美好的。今天我的演讲主题就是'如何在销售工作中保持你的持久的激情以及耐力’。关于这个主题我并不打算多说废话，因为在座的各位只需要转过身去，和你桌子对面的人交谈一下此番的感受和意见就足够了，相信在座的各位所经历的切身感受会比我所能讲的要深刻得多!”

他说完这番话后，会场的疲惫气氛顿时一扫而空，与会的听众欣慰地将最热烈的掌声送给了他。尼尔·拜伦就是把握到了听众的心理，知道在这种令人厌倦的氛围中，不管多么动听的演讲都是白费力气的，于是索性将主动权丢给了听众，再将此次的演讲内容和现场听众的切身感受结合起来，既幽默风趣，又简短有力，让人不得不拍手称叹。

然而，并非只要是简短的演讲结束语就能取得好的效果。在这里，除了简短以外，还必须具备精彩的内容，深远的寓意。这就需要我们借助幽默的力量来实现。

艾森豪威尔在担任美国总统之前，曾经担任过哥伦比亚大学的校长。期间他曾经参加过一次宴会，当时有几位名人都进行了长篇演说，但是主持人最后还请他再进行一次讲话。艾森豪威尔注意到时间已经很晚了，迅速决定删去他原先已经准备好的演说内容，站起身来即兴发挥：“每一篇演讲无论它写成书面的或者说其他形式，都应该使用标点符号，那么今天晚上，我就做一次标点符号中的句号好了。”大家马上报以热烈的掌声。有人评价说，那次演说也是他一生中无数次演说中最著名的一次。

因此，结论的最后几句要仔细斟酌，让听众闻之而终身难忘。我们可以依托会场当时的情境，找出和听众之间的一个情感上的共鸣点和联系点，让听众能够大笑，让听众进行思考，让听众站起来为演讲者鼓掌喝彩。

掌握好尺度，里根幽默不当引抗议

若不能把握好幽默的尺度，不仅不会给人带来欢笑，还会给自己惹上麻烦。

在日常生活中，适度、得体地开个小玩笑、幽默一下，可以让周围的人感到轻松自在，同时还能营造出适于交际的活跃气氛。但若玩笑无度，那就非但达不到好的效果，甚至还会造成意想不到的不良后果。

就好比是“一笑倾人城，再笑倾人国”，这句话讲的是中国古代的大美人褒姒。而周幽王是褒姒的情侣。为何要叫幽王呢?或许是他想自封为“幽默之王”吧。周幽王为了向褒姒展示自己的幽默天赋竟烽火戏诸侯，以致亡了国。

无独有偶，因在不适当的场合展示所谓的幽默而造成了极其严重的后果的，还有美国的前总统里根。

一次，在国会开会之前，里根为了试一试麦克风是否好使，便说道：“请大家注意，五分钟后，我将会宣布对苏联进行轰炸。”此话一出，众皆哗然。也正缘于此，里根在错误的场合，错误的时间，开了一个极其荒唐的玩笑。对此，苏联政府提出了强烈的抗议。

幽默也需要挑选对象，这就好比音乐是给会欣赏音乐的人听的，绘画是给能品味绘画的人看的，若找错了对象，幽默就难免会造成双方的难堪。

一次，一位男士的女同事穿着一身非常漂亮的衣服来上班，他便幽默地说："今天准备出嫁啊?"其实这是一种夸赞，不过就是话说得有点过。

他的这位女同事是一个神经质的泼妇。听闻此言，同事十分恼怒："你竟敢骂我!难道我离婚了吗，难道我丈夫不在了吗?"随之而来的是一大串的谩骂。

这位男士怎么也没想到，自己颇为得意的幽默竟被人家当成了不堪入耳的污言秽语，得到的竟是这般难堪。为此，他有口难辩，只好向其道歉。后来，每当提起此事他都苦笑不已，因为那位女同事为此竟到处说他是个"二百五"。

为达到开玩笑的目的，不惹出不必要的误会，在开一些玩笑前，可能需要我们在事先作一下说明，这种做法是很值得借鉴的。

例如，日本人在开玩笑之前都会很紧张，所以他们会在开玩笑之前先打个招呼。也许我们觉得这样实在没必要，但日本人却觉得，这种"穿靴戴帽"是很必要的。只有这样，对方才会有心理准备，才不会将玩笑和严肃的话题混淆，以免造成工作上的误会。假如玩笑与对方有关，那么事先打个招呼则能避免伤害对方。日本人不仅会在说笑话前做预告，就连对某件事提出尖锐的批评时也要先说一句："我有一句很难听的话要说。"说完后还会再加一句："这话虽刺耳，但请不要往心里去。"

幽默应是阳春白雪，不宜随意挥霍。下面就提出几点在运用幽默时应注意的问题。

1. 在与长辈、晚辈开玩笑时忌轻佻放肆，特别是忌谈男女情事。因为当几辈同堂在一起开玩笑时，讲究的是高雅、机智、幽默，能助兴，且乐在其中。所以，当同辈人开男女这方面玩笑时，或是自己以长辈、晚辈身份在场时，最好不要掺入其中，只要装作若无其事地旁听就好。

2. 与残疾人开玩笑时，应注意避讳。谁都怕别人用自己的短处开玩笑，残疾人更是如此。俗语"不要当着和尚骂秃子，瞎子面前不谈灯光"，说的就是这个道理。

要知道，没有人是十全十美的，看似完美的人也会有缺点和不足，但这些并不是你拿来开玩笑的素材。因为这种笑话，会严重伤害到对方，甚至造成不堪设想的后果。

3. 与没有血缘关系的异性单独相处时，忌开玩笑(除夫妻外)，即使是很正经的玩笑，最好也不要开，这往往会引起对方的反感，或引起旁人的猜测非议。要和对方保持适当的距离。当然，在特殊的场合也不能太过拘谨。

异性间的幽默要做到张弛有度，那些所谓的“荤段子”不仅不能拉近异性间的距离，反而还会降低自己的格调，使对方觉得你很低俗难耐。

4. 朋友陪客时，忌与朋友开玩笑。人家已有共同话题，并且气氛很和谐、融洽，假如你突然介入其中开玩笑，那无疑就是转移了别人的注意力，打断了别人的话题，破坏了别人谈话的雅兴，这时朋友会觉得你让他很丢面子。

5.不要板着脸开玩笑。幽默到了最高境界，往往是大师不笑，别人笑。但在生活中我们并不是幽默大师，从而也就很难做到这点，因此和别人开玩笑就不能板着脸，免得引起不必要的误会。

6.不要总与同事开玩笑。开玩笑要掌握一定尺度，不要大大咧咧地总开玩笑。不然时间久了，在别人面前就会显得不够庄重，别人也就很难尊重你；而在领导面前，就会显得不够成熟、踏实，领导可能会不信任你，不愿对你委以重任。

7.不要把捉弄他人当玩笑。捉弄别人就是对别人的不尊重，会让人觉得你是恶意的，且事后很难解释。它绝不在开玩笑的范畴内，是不能随意乱说的。轻者会伤及你与同事间的感情，重者则会危及你的“饭碗”。所以，一定要记住“群居守口”这句话，千万不要祸从口出，不然你会追悔莫及的。

8.幽默的内容一定要高雅。要知道，笑料的内容取决于开玩笑者的思想情趣和文化修养。内容健康且格调高雅的笑料，不仅能给对方启迪和精神享受，同时也能更好地塑造自己的形象。

9.幽默时态度一定要友善。这也是开玩笑的一个原则。幽默的过程就是感情相互交流传递的过程，假如借开玩笑对别人冷嘲热讽，发泄内心不满的感情，那除非是傻瓜才看不出来。或许，有的人不如你口齿伶俐，你虽然占了上风，但别人会因你对他的不尊重，而不愿和你交往。

10. 行为一定要适度。开玩笑除了可以借助语言外，有时还可通过行为动作来逗别人发笑。有一对小夫妻，感情非常好，整天都会开玩笑。有一天，丈夫摆弄鸟枪，突然对准妻子说："不许动，动我就打死你。"说着真地扣了扳机（丈夫以为是空枪），结果使妻子意外地被打成了重伤。所以，千万不要让你的玩笑开得太过。

11. 幽默要区分对象。同样的玩笑，能对A开，但不一定也能对B开。因为人的身份、性格、心情不同，所以对玩笑的承受能力也会有所不同。

通常，晚辈不宜与前辈开玩笑；下级不宜与上级开玩笑；男性不宜与女性开玩笑。因此，和同辈人开玩笑时，就先要掌握对方的性格特征和情绪信息。

倘若对方的性格能宽容忍耐，那玩笑稍开大点可能也会得到谅解。反之，若对方性格内向，且爱喜欢琢磨言外之意，那开玩笑就要慎重。

假如对方平时生性开朗，但恰好碰上不愉快或伤心事，此时也不能随便与其开玩笑。反之，若对方性格内向，但恰巧碰上喜事临门，此时和他开个玩笑，效果也必定会出乎意料的好。

若能把握好幽默的分寸，我们就能很容易地为别人和自己营造出轻松、愉快的气氛，从而让自己的生活更有情趣。反之，若不能把握好幽默的尺度，不仅不会给人带来欢笑，还会给自己惹上麻烦。

第二章

讲话也需讲究策略

华盛顿巧妙预设前提

“预设前提”的言谈技巧，在辩论口才学中也叫“复杂问语”。“复杂问语”的一个必要前提条件，就是这个问句必须得设计得让不知情的人看来是完全存在的事实。在这种时候，通常对方都会不明就里，中了逻辑推理的错误，落进你的圈套。

华盛顿是一个非常聪明的人。

有一天，他家养的一匹马忽然不见了。通过暗中调查，华盛顿发现自家的马是被人偷走的。于是他就赶紧报了案，并带着一个警察，到偷马贼所在的农场去讨还。

但偷马贼哪里肯认，一口咬定那马是自己的。警察在一旁也没有一点办法。

这可难不倒华盛顿，只见他略加思索后，伸出双手就蒙住马的两只眼睛，问那贼：“你说这马是你的，那么请你告诉我，马的哪只眼睛是瞎的呀？”

偷马贼根本就不知道，只怪自己粗心大意，怎么连马瞎了一只眼都没看清。但他心想，既然这样了，那就胡乱猜一个吧。因为他认为，无论猜哪一个结果，总有一半的概率是对的。他的答案是：“右眼。”

华盛顿笑着放下蒙着右眼的手，马的右眼完好无损，根本就没瞎。

那贼见猜错了，就要赖了，急忙改口道：“我记错了，刚才说的不算数，这马瞎的是左眼。”

华盛顿大笑着又放下了另一只手——马的左眼也是明亮的，根本就没瞎。

那贼倒迷糊起来了：“怎么会这样？你不是说……”

警察这时开口了："这证明马根本就不是你的，还不快把马交还给华盛顿先生！"

偷马贼是个无赖之人，但是华盛顿若没有办法证明这匹马是自己的，警察也无可奈何，但华盛顿用预设前提的妙招给偷马贼下了个"套"，他先是问："马的哪只眼睛是瞎的呀？"虽然这个前提是华盛顿假设的，是虚假的，但偷马贼是不知道的，这就为偷马贼掘下了一个语言陷阱，因为他会下意识地认为，既然对方这么问，那这马肯定有一只眼是瞎的。由此，偷马贼也就很容易就落入了"陷阱"，华盛顿如愿讨回了自己的马。

华盛顿所用到的这个"预设前提"的言谈技巧，在辩论口才学中也叫"复杂问语"。"复杂问语"的一个必要前提条件，就是这个问句必须得设计得让不知情的人看来是完全存在的事实。在这种时候，通常对方都会不明就里，中了逻辑推理的错误，落进你的圈套。

其实，在这个辩论场合中，因为场所是在偷马贼的农场中，虽然有警察在场，但对华盛顿来说，其实是非常不利的，因为偷马贼一旦成功，华盛顿不但连马都讨不回，还有可能落个诽谤他人的坏名声。

在日常生活与工作中，"复杂问语"是一种很常见的交谈策略，若能熟练掌握此种谈话技巧，就能起到出奇制胜的绝佳效果。

但是，在选择使用这种方法之前，一定要搞清楚这样几个问题：

第一，你必须要考虑自己与对方是何种关系，是不是非得如此分出输赢高下，否则结果一旦出来，就会在双方的关系上划下一道难以愈合的裂痕，如果是亲人或好友，以后还必须得交往，那就有可能是得不偿失了。

第二，如果你们关系很好，你既要戳穿对方，又要兼顾彼此的关系，那就不妨采用开玩笑的方式，万万不可严肃认真。并在你赢得结果后，用一种最善意的方式，向对方表面自己的态度——这就是玩笑。

第三，一旦你决定要击败对方，问话一定要能够一次性就击中对方要害，不留后患。这就要求你必须缜密思考，不可随便乱问。

比方说，华盛顿若是问那个偷马贼这样一个问题："这匹马病了，你知道它是患了肠道病还是胃病?"

这个问题，就不是普通人能够辨别真伪的了。即便你真地知道此马在患某种病，也不可这么问，因为无论偷马贼还是警察，很可能会去找第三方——兽医来检查，不但要对马进行化验，而且你还得担心一旦有兽医过来，也很可能是这偷马贼的朋友——最起码他们会很熟。与其这么做，还不如刚开始就放弃的好。

对问题的选择，也不可太简单。比方说你的巧克力被人偷吃了，想要知道是否某个馋嘴的同事偷吃了，你问她："我的那盒巧克力盒子非常精巧，里面还有一个小卡片呢，是不是？"不管你的同事回答是与不是，都已经毫无意义了，因为对方无论怎么回答，你的巧克力都不在了。

当然，这并不是说，华盛顿若不用此法，就无法找到证据证明这匹马是自己的了，但较之其他任何办法，这个办法无疑是最见效、最省力、最经济的一种。

批评之前，请学柯立芝先用表扬作铺垫

对方如果认为你的批评是公正客观的，那么就不会产生抵触情绪，从而收到良好的批评效果。

约翰·卡尔文·柯立芝于1923年登上美国总统宝座。这位总统以少言寡语出名，常被人们称作“沉默的卡尔”，但他也有出人意料的时候。

柯立芝有一天对女秘书说：“你今天穿的衣服很漂亮，你真是一位年轻迷人的小姐。”女秘书受宠若惊，因为这可能是沉默寡言的柯立芝对她的最大夸奖了。但柯立芝话锋一转，又说：“另外，我还想告诉你，以后抄写时标点符号要注意一下。”

像柯立芝这样在批评之前先表扬对方，以表扬来营造批评的氛围，它能让对方在愉悦的赞扬中同样愉悦地接受批评。因为人们在听到别人对他的某些长处表示赞赏之后，再听到对他的批评，心里往往会好受些。

未批先夸，实际上就是一种欲抑先扬的批评方式，即在批评别人时，先找出对方的长处称赞一番，然后提出批评，最后再使用一些鼓励性的词语。这种办法让人认为你的批评是公正客观的，表明被批评者自己既有过失，也有成绩。这样就减少了因批评所带来的抵触情绪，能够收到良好的批评效果。

但是，我们常常在使用这一招的时候会错误地加上两个字。有许多人在真诚的赞美之后，喜欢拐弯抹角地加上“但是”两个字，然后开始一连串的批评。举例来说，有人想改变孩子漫不经心的学习态度，很可能会这样说：

“小虎，你这次成绩进步了，我们很高兴。但是，你如果能够在代数这科多下功夫，那就更好了。”

在这个例子里，原本受到鼓舞的小虎，在听到“但是”两个字后，很可能会怀疑原来的赞美之词。对他来说，赞美通常是引向批评的前奏。如此一来，不但赞美的真实性大打折扣，对小虎的学习态度也不会有什么帮助。

如果我们换一种说法，情况就会大为改观。我们可以这么说：“小虎，你这次成绩进步了，我们很高兴。只要你在数学方面继续努力下去的话，下次就会取得更好的成绩。”

这样，小虎一定会接受这番赞美了，因为后面没有直接、明显的批评。由于我们也间接提醒了应该改进的注意事项，对方便懂得该如何改进以达到我们的期望。

给对方设置一个“话语陷阱”

在不明对方的意图何在时，如果你贸然回答对方的问题，就有可能使自己陷入被动的境地。

1945年7月18日，苏、美、英三国首脑举行了让世界都为之关注的波茨坦会议，会议上讨论了对德管制委员会的政治权限问题。斯大林、丘吉尔和杜鲁门三大巨头为此发生了激烈争论。

丘吉尔首先发问：“现在的‘德国’指的是什么?是否可以把它理解为战前的德国?”

杜鲁门接过话头说：“苏联代表是怎样理解这个问题的?”

斯大林马上意识到两位盟国头目要耍弄什么花招。因为早在战争中英美就制订了分割德国为几个以农业为主的单独国家的计划。

此时，机警的斯大林不露声色地回答：“就是战后现在这个样子的德国，而不存在别的什么德国，我就是这样理解这个问题的。”

杜鲁门又问：“讲到德国是否可以理解为战前的1937年的那个德国?”

斯大林郑重地说：“现在是1945年的德国。”

杜鲁门说：“德国在1945年失去了一切，实际上已经不存在了。”

斯大林说：“如我们通常所说的，德国现在是一个地理概念，让我们暂时先这样理解吧。但不能脱离开战争的后果抽象地谈。”

杜鲁门说：“是这样，不过总应该给‘德国’这个概念下个定义吧?我认为，1886年或者1937年的德国都不是现在的德国。”

斯大林说：“德国由于战争的后果起了变化，我们就应该接受这样的概念。”

杜鲁门仍没放弃他的主张，再次说应该给“德国”这个概念下个定义，并要求参会者讲德国时以战前的1937年的德国为标准。

斯大林铿锵有力地说：“形式上可以这样理解，实质上并非如此。比如，要是在哥尼斯堡出现了德国的行政机构，我们就要把它撵走，一定要撵走!

杜鲁门与丘吉尔相视无语。

斯大林接着说道：“让我们先把波兰的西部边界确定下来吧，那样德国的问题就一目了然了。我很难说出来，现在的德国是什么。这是个没有政府、没有边界的国家，因为边界不能由我们的军队来划定。德国现在没有任何军队，连边防军也没有，它被分割成几个占领区。你们来给下个定义，看‘德国’是什么。这是个支离破碎的国家。希特勒狂妄地追求世界霸权的梦想，使德国人民陷入了痛苦的深渊。”

杜鲁门试探地问：“或许我们就以1937年德国的边界作为出发点吧?”

斯大林同意他的说法，并说：“可以以1937年的德国边界为出发点，不过这仅仅是一个出发点，也不过是为了我们工作的方便而做的一种假设。”

丘吉尔表示同意，说：“可以仅仅作为出发点，这并不意味着我们将受它的约束。”

争论到此告一段落，三巨头在这一问题上虽然各有各的想法，但基本达成统一的意见。

杜鲁门探讨“德国”这一概念，实际上是想设一个“套子”，等着斯大林来钻。如果斯大林回答不小心，立即会陷入被动。斯大林在不明其意图的情况下，坚持认为德国“就是现在这个样子”的德国，而“现在这个样子”实际上是个不确定的概念。这时，杜鲁门亮出底牌，表明了自己的见解，避免了一场混乱的战争。在这里，三巨头的沟通能力都是非常强的，简直是难分高下。

当遇到有人给你设置话语陷阱时，在不明对方的意图何在时，如果你贸然回答对方的问题，就有可能使自己陷入被动的境地。此时，最可行的办法是采用含糊其辞的说法来回答对方，这样你的回答具有一定的不确定性和灵活性，或许就能避开对方为你设计的话语陷阱。

在很多时候，我们会忽然遇到一些突如其来的难题，需要在极短的时间内做出选择、给出答案。这个时候，你记住一条原则就可以了：那就是一定要抓住问题的关键问题，一切难题就会迎刃而解。

2003年，克林顿到中国清华大学访问时，清华大学新闻与传播学院的一位研究生问他："克林顿先生，如果您是一位艾滋病病人，您有三个选择，A．权利，包括个人尊严、社会地位、被团体接纳、平等地被对待；B．爱人，包括您的父母，您的妻子、女儿以及知己好友；C．肢体功能，包括感觉、知觉、运动能力、理性思维、记忆力，还有性能力。面对残酷的艾滋病，如果您只能保留一项的话，您会选择哪一项？为什么？"

克林顿听完翻译人员的翻译后，似乎对这个问题感到意外。他请翻译人员重复了一遍问题后，稍加思索便回答说："如果我能做出选择的话，我会选择第一项A，即权利，我要求别人尊重我，取得平等的权利，并将因此而有机会去拯救更多的生命。"

克林顿话毕，全场报以热烈的掌声。

选择A，为什么比选择B、C更感动人呢?

对一个艾滋病患者而言，选择C似乎更重要。因为艾滋病可不是普通的小病，而是一种不治之症。就当前的医疗技术，只要某人得了艾滋病，基本上就等于直接被宣判了死刑。故此，每个艾滋病患者都想出现医学奇迹，早日让自己恢复健康。另外，当一名艾滋病患者在知道自己无法治好后，很可能就会转向选择B。因为患者的情感与心理通常都是非常脆弱的，十分需要亲人的抚慰与关爱，希望在人生的最后关头，从亲人那里得到温暖。

但克林顿却选了A，这就意味着，他选择放弃亲人与健康。那么，失去亲人和健康，还要权利做什么？

克林顿的解释让人们恍然大悟，原来他所看重的权利，不是那种能给自己牟私利、带来享受的权利，而是“我要求别人尊重我，取得平等，并将因此而有机会去拯救更多的生命。”此话一出，境界顿时就高了。

克林顿的意思是说，如果他得了艾滋病，他最期待的，是希望能与别人平等相处，希望别人不歧视他。此外，克林顿还心系那些同病相怜的人，并愿意积极参与各方面的工作，让艾滋病患者早日恢复健康，重回正常人群生活。

克林顿这种勇于牺牲自己、拯救他人的精神是崇高的，作为一个公众人物，他的这一回答，无论是在个人价值和社会价值方面，影响都是巨大的。因此，人们送给了他热烈的掌声。

在很多时候，我们会忽然遇到一些突如其来的难题，需要在极短的时间内做出选择、给出答案。让人纠结的是，这些答案往往都十分相似，乍一看是很难做出准确选择的。这个时候，你记住一条原则就可以了：那就是“避虚就实”、“避轻就重”，即一定要抓住问题的关键问题，一切难题就会迎刃而解。

虚实结合，罗斯福将计就计

虚者实之，实者虚之，这是迷惑敌人的一般原则。

1942年夏天的亚太战区内，日本东条英机政府的“南进”计划正在实行，成千上万的日军在海军、空军的配合下进军东南亚。1942年5月7日，美驻菲律宾远东军总司令温赖特将军向日本投降，在不到半年的时间里，日军就占领了东南亚地区。

“必须在太平洋战区打败日本人!”罗斯福暗暗发誓。当时，美军如果在太平洋战区不能取得决定性的胜利，那么美国在这一地区就毫无利益可言了。不仅如此，亚洲各国的资源将会迅速武装日本，到时候，美利坚合众国的本土都要受到最直接的威胁。

看着那幅巨大的世界地图，罗斯福的目光在太平洋这片海域久久地停留着。必须寻找日本海军进行决战，这不仅仅是军事上的重大行动，它更是一场政治上针锋相对的斗争，其结果将对整个反法西斯斗争起到决定性的作用。但是，要想取得胜利并非易事。

罗斯福陷入了沉思。这时，海军部送来了喜讯：负责领导作战情报处的罗奇福特少校在破译日军舰队的密码方面，取得了重大的进展。罗奇福特截获了日方的一封长电，经过破译，确认日本舰队将有一次大规模的行动，其目的地是“AF”。

“‘AF’，这是什么地方?”罗斯福眉头拧成个“川”字，询问前来汇报工作的官员。

“还没确定，不过罗奇福特怀疑这是中途岛的代号。”

“哦?”罗斯福在地图上找出中途岛的位置，使劲儿盯着看了一会儿。“好，告诉作战情报处的小伙子们，尽快确认‘AF’。对了，关于此次行动要绝对地保密。”

正当罗斯福积极筹划这次行动时，他做梦也没想到，这条绝密的军事机密竟然被人泄露出去了！

这天，罗斯福正在与作战部队的指挥官们研究作战部署。这时秘书拿着报纸匆匆忙忙地跑进他的办公室。

“怎么了?发生了什么事?”看着秘书着急的神色，罗斯福平静地问道。

“总统，你看!”秘书指着报纸上一条醒目的新闻对罗斯福说道，“这一回恐怕是完了。我们的秘密泄露了!”

罗斯福心里一沉，只见报上用大字标题写道——我方已破获日军密码，本土安全稳定无虞。

罗斯福的手拿过报纸，揉成一团，厉声地问道：“这是谁干的?”

秘书已经从总统的举动中看出来，这一次罗斯福已经怒不可遏了。就在刚才，海军部还前来汇报工作。罗奇福特少校经过巧妙地试探，终于证实，“AF就是代表中途岛。总统喜悦万分，可是现在，这一切努力都将付之东流，怎不令人痛心疾首呢?

“去!马上查出泄密分子，我要对这一事件进行彻底的追查!”罗斯福命令道。秘书点点头，领命出去。

“且慢！”罗斯福摇了摇头，“不用了！告诉海军部，一切照常进行，就当没这回事。”说着，罗斯福意味深长地笑了笑。

罗斯福的这一举动把秘书弄得丈二和尚摸不着头脑，心想，总统这是怎么了?难道就这样看着泄密分子逍遥法外，这样下去，国家机密岂不成了一纸空文，任何人都可以随便探听和谈论了吗?

罗斯福心里明白，如果下令惩办泄密分子，那无疑是向日本人宣称此消息的真实性。那样的话，日本人便会更换密码，改变行动。中途岛之战只能成为一场泡影。

索性假装糊涂，在沉默之中静观其变，看看日本人怎么反应。不过，罗斯福在这件事上并没有什么把握。要知道，日本海军中也是人才济济，想欺骗他们可不是一件十分容易的事情。

果然，日本人从报纸上看到了这条消息。海军部的各级首脑们不禁大吃一惊。他们连忙召开会议，紧急磋商对策。

“当务之急，必须马上更换我军使用的密码，改变我军的行动。”一位海军将领说。

“我反对!”另一位海军将领站起来，言辞激烈地说道：“我认为这不过是美国人玩弄的又一个花招。我们的舰队已经集结，美国人无力抵抗，所以想诱骗我们放弃原计划。”

“是的，我们只要看罗斯福如何对待这条新闻便可以分辨出是真是假。”

几天过去了，谍报部门没有发现美国政府对这条新闻做出任何反应。看样子，这还真是美国人放的一颗烟幕弹。

1942年6月3日，由南云中将率领的日本航空母舰集群驶向中途岛。海军部立刻将这一消息向罗斯福报告，罗斯福听到这个消息终于如释重负般地吁了一口气。聪明的日本人终于落入了他的圈套，日军的密码仍在使用，尼米兹海军统率的战舰根据日舰的行动计划，早已在中途岛布下了天罗地网。

6月5日，中途岛海战正式打响。美国海军对落入圈套的日本海军给以致命的打击，日本海军舰队受到了重创，损失惨重。当他们得知正是由于自己的密码被破译而导致此后果时，更是后悔不已。

虚者实之，实者虚之，这是迷惑敌人的一般原则；虚者虚之，实者实之，虚虚实实，真假难辨，这是灵活运用“虚实”臻于化境的表现。

层层铺垫，林肯巧揭谎言

就表面上来看，层层铺垫的说话技巧，好似是在向对方“步步退让”，但实际上却是一种让对手感觉不到的“曲线进攻”。

林肯在成为总统之前，曾当过律师。有一次，林肯朋友的儿子小阿姆斯特朗被人指控谋财害命，法院已初步判定小阿姆斯特朗有罪。

林肯的朋友于是就请林肯当辩护律师。林肯以被告律师的身份到法院查阅了全部卷宗。他发现，此案的最棘手之处，就在于原告方有一位叫福尔逊的证人，发誓说自己在10月18日的月光下，清楚地看到了小阿姆斯特朗用一把手枪打死了死者。

经过缜密的分析推理，林肯要求法官对案件进行复审。

请看在这场复审中，林肯的精彩对话技巧。

林肯问证人福尔逊：“你发誓自己看清了那人就是小阿姆斯特朗？”

福尔逊肯定地说：“是。”

林肯问：“你说你当时在一个草堆后面，小阿姆斯特朗在一棵大树底下，草堆距离大树二三十米，你能看清吗？”

福尔逊说：“我看得非常清楚，因为当晚的月光很亮。”

林肯问：“你确认自己不是从衣着方面看清小阿姆斯特朗的吗？”

福尔逊答：“不是的，我肯定看清了他的脸。”

林肯问：“你可以肯定事件发生在当晚11时吗？”

福尔逊答：“我可以肯定。因为当时我回屋看了下钟，那时是11时15分。”

林肯问完这些话后，高声地说："现在，我不得不告诉大家，这个证人是个十足的骗子！他一口咬定自己10月18日晚上11时在月光下看清了被告的脸，请大家想想，10月18日那天是上弦月，晚上11时月亮已经下山，哪里还有月光？退一步说，也许他时间记得不十分精确，时间稍有提前。但那时，月光是从西往东照，草堆在东，大树在西，如果被告的脸面对草堆，脸上是不可能映照月光的！"

听完林肯的话，现场顿时掌声一片。

证人福尔逊却傻了眼，他被林肯的凌厉攻势打得节节败退，并完全丧失了招架之功，更无还手之力。

大家都知道，福尔逊刚开始优势明显，因为在案发当天，他说只有自己一个人在场。

福尔逊作为目击证人，按说只要死死咬住原告不松口，此案也许就会成为一个铁案。但这一切都是他自己虚构的，即便他咬定原告不松口，在林肯抛出的一系列逻辑推理下，也会顷刻瓦解。

这是一场真与假的较量，更是一场善与恶的交锋。林肯作为正义的一方，虽然罪恶之人把自己掩藏得很深，目击证言看似合情合理、无懈可击，但他运用自己的智慧，巧妙地揭露了对方的虚假之处，一下子就击得对方没有还手之力。

在这个故事中，律师林肯熟练地展示了一种层层铺垫的说话技巧。该说话技巧在文学修辞中比较常见。写文章时使用这种修辞技巧，可以把作者的用意逐步显露出来，以避免在文尾给出谜底时，让阅读者觉得太过突兀，这样做是为了能够更好地表达文章的主题。

但是，在与人辩论时，使用层层铺垫的技巧，其作用就不是向对方"泄露"自己的用意了，而是如兵法上所言的"诱敌深入"。林肯就是把福尔逊一步步诱向自己所预设下的"圈套"，最终才把他"一举歼灭"、永无翻身之日的。

就表面上来看，层层铺垫的说话技巧，好似是在向对方"步步退让"，但实际上却是一种让对手感觉不到的"曲线进攻"。从上例可见，当林肯最后抛出自己的观点时，本来占据优势、一度咄咄逼人的证人，就像泄了气的皮球一样，立刻就瘪了。

先发制人，罗斯福让对方有口难辩

以物喻事是一种非常高明的特殊沟通技巧，这种技巧虽然表面上并没有直接回答对方的问题，但却巧妙地给出了自己的答案，有效地避免了直接回答的尴尬与拒绝回答带给对方的误会。

富兰克林·罗斯福在连任三届总统之后，《先锋论坛》报的一位记者问他有什么感想，他没有做任何回答，而是拿了一块面包让记者吃，而这位记者不明白罗斯福总统的用意，又不方便问，因此只好吃了。

紧接着，总统又拿出了第二块，记者又勉强地将面包吃了。随后，总统又拿出第三块，为了不让自己的肚皮撑破，记者立即婉言谢绝。

此时，罗斯福微微一笑，说道："现在，你知道我连任三届总统的滋味了吧！"

罗斯福连任总统后，媒体当然想热炒这件事。但对当事人罗斯福而言，却是左右为难。

如果罗斯福如实告诉记者自己不想当总统了，他只用说一句："够了，我早就不想再当了"，即可轻松打发记者。身在官场，罗斯福当然知道这样回答会给自己带来什么。

如果罗斯福那样回答，大致会招来记者这样几种回应：大肆报道罗斯福总统扭捏作态，捡了便宜还卖乖；罗斯福总统骄傲自大，把人人向往的总统宝座都当腻了；一些和罗斯福政敌关系不错的媒体记者，也许还会借此大做文章，攻击罗斯福已江郎才尽等。

当然，罗斯福也不能回避不说，这不符合美国总统的风格。这个时候最恰当的办法，就是运用自己高超的语言技巧，既能做出回答，又能展露才华。

就这样，罗斯福设计的一个“小品”就上场了：他不停地让记者吃三明治，直到记者一点也不想再吃了，才微笑着对进入“圈套”的记者亮出底牌：“现在，你知道我连任三届总统的滋味了吧！”

在这个“小品”中，罗斯福用以物喻事的技巧回答了记者的提问。

以物喻事是一种非常高明的特殊沟通技巧，这种技巧虽然表面上并没有直接回答对方的问题，但却巧妙地给出了自己的答案，有效地避免了直接回答的尴尬与拒绝回答带给对方的误会。

将对方引入你设计的路线

运用“似是而非，形似实非”的口才技巧，可以巧妙地将别人当成抵挡他人非议的盾牌，而自己则可以在这块盾牌的掩护下快速脱身。

美国总统里根执政8年。他的政敌们说他权倾朝野，他自己却说：“有人说我是全世界最有权势的人，可我一点也不相信。白宫有一位官员，他每天早晨把一张小纸片放在我的办公桌上，纸片上写着每一刻钟我应该做的事情，他才是最有权势的人。”

那位“最有权势的人”，实际上只是白宫的一位普通工作人员，他每天的工作内容，无非就是安排里根的工作日程，并没有任何权力可言，更不能对总统颐指气使。但是，从表面上来看，好像是在安排总统每天的工作，也就是在指挥总统做事。

巧妙地掩盖问题的实质，用表面现象取代实质，里根使事情的实质和表面现象变得模糊不清。于是，跟着他的话语导向，听众就会跟着他设定的思路走，对攻击他的观点变得不置可否。

在这里，里根驳斥别人对他的议论，运用的是“似是而非，形似实非”的口才技巧，巧妙地将白宫那位工作人员当成抵挡他人非议的盾牌，而他自己则可以在这块盾牌的掩护下快速脱身。

用虚言还原真相，让对方不攻自破

用对方的虚言还原事实的真相，是一种现实生活中被广泛运用的语言技巧，因为这种方法本身所具有的强大逻辑力量，常常会让说谎的一方瞬间崩溃，既能有效地反驳对方，对方也不能轻易攻破。

在林肯的律师生涯中，曾经手办理过一个农夫因为殴打邻居而被控告的案件。

林肯通过认真的调查了解到，那位被打的邻居，也就是该案的原告，故意夸大了自己挨打的事实，目的是想报复被告。

根据当时的法律，法庭是不允许被告进行辩护的，因而被告只能无奈地听原告在法庭上信口雌黄，故意夸大、歪曲事实。

林肯故作漫不经心地问原告："你与被告打架的那块场地有多大？"

原告夸张地说："有6英亩那么大。"因为他当初的讼词就是这么写的。

林肯紧接着反问："在这么大的场地上，你们这场架打得也太小气点了吧。"

林肯话音刚落，法官与陪审团就齐声哈哈大笑起来，他们认清了原告的本质，最后农夫被判无罪。

根据案宗显示，原告的讼词中说，原告和被告两个人打架的场地，竟然大到六英亩。林肯根据对方供词中的这个疑点，提出了一个新的论据，说原告与被告的架打得太小气了。

六英亩的场地，本身是非常大的，林肯为何却反过来说原告的架打得太小气呢？这是因为，原告在讼词中本就夸大了事实，因此林肯也用原告同样的方法予以揭露。一大一小，再加上运用“顺水推舟”的技巧，林肯的驳词就很自然地显示出了逻辑的巨大力量，一下子就把原告虚夸的本质彻底揭露出来。

用对方的虚言还原事实的真相，是一种现实生活中被广泛运用的语言技巧，因为这种方法本身所具有的强大逻辑力量，常常会让说谎的一方瞬间崩溃，既能有效地反驳对方，对方也不能轻易攻破。

当然，运用这种方法需要注意，并不是对方所有的论点、论据都可用此方法解决。换言之，在对方所提供的论点或论据之中，必须隐藏着你已经发现的缺陷，并必须抓住该缺陷，将对方一击而中。

一旦发现对方的破绽，你就要根据自己的需要，及时设置符合情理的障碍，并推导实施后事件有可能的发展方向，确保让对方的观点在新增设的条件下无法成立，或能顺理成章地得出和对方观点完全相反的结论。

第三章

美国总统教你如何巧妙地拒绝别人

借用别人的意思，杰斐逊巧妙说“不”

这种借助对方话语意思，推导出对方矛盾的语言技巧，是普通人很难驾驭的。因为，要想使用这种语言，你必须拥有足够的智慧。

托马斯·杰斐逊是美国历史上最伟大的总统之一，被人们亲切地称为平民总统。

宣誓就职总统的那一天，杰斐逊依然如平常一般，步行去上班。他没有坐马车，只是和其他同事们一起，穿过两条满是泥泞的街道，走向国会。

杰斐逊认为，自己当总统，并不比别人高一等，只是个受雇于人民的公仆而已，讲究排场就是浪费。抱着这种思想，他一直在各个方面都严于律己，规范自己的言行举止，始终把自己摆在公仆的位置上，没有一点当官老爷的意识，努力让自己显得平民化。

杰斐逊并不是在当上总统时是这样做的，其实早在他当副总统时，也一直如此。

有一次他独自来到巴尔得摩，打算找一个旅馆开房休息。

杰斐逊当时穿着一件普通的工作服，上面还溅满了污泥。旅馆老板见杰斐逊那身打扮，就不愿接待他，于是借口说“这里没房间了，你到别处去投宿吧。”

当时的杰斐逊，因为起草了《独立宣言》而家喻户晓，但这个老板却不认识他。

杰斐逊走后，一个旁观者对老板说：“你知道刚才被你打发走的那位客人是谁吗？他就是大名鼎鼎的杰斐逊副总统！”

老板一听吓坏了，惶恐不安的他马上吩咐仆人去找杰斐逊。并让那个仆人告诉杰斐逊，说他要多少房间都没问题。但是，杰斐逊却住进了另一家旅馆。

杰斐逊让仆人转告老板：“我十分感激他的好意。不过，既然他没有一个房间可以安置一个穿工作服的平民百姓，那么也就没有一个房间可以安置一个副总统。”

当旅馆老板将他当成普通工人而拒绝接待时，杰斐逊没觉得自己受到了蔑视，也没亮出身份羞辱旅馆老板，更没用副总统的权力去报复旅馆老板。

杰斐逊走后，那位旅馆老板知道了杰斐逊的真实身份。他万般惶恐地派人去找杰斐逊，对杰斐逊的态度来了个180度的大转弯，但杰斐逊依然婉拒了。

杰斐逊是这样拒绝对方的：首先，他对老板的借口给予肯定：“既然他没有一个房间可以安置一个穿工作服的平民百姓。”把老板的托词当成事实，不加揭穿，但肯定的目的却是为了最终的否定：“那么也就没有一个房间可以安置一个副总统。”直接否定了对方的借口，委婉地拒绝了旅馆老板的讨好。

这种借助对方的话语意思，推导出对方矛盾的语言技巧，是普通人很难驾驭的。因为，要想使用这种语言，你必须拥有足够的智慧。

故事中，若杰斐逊是个粗人，当旅馆老板拒绝他时，他也许当时就大发雷霆或亮出身份吓唬对方了。

但杰斐逊却用先肯定再否定，他的言外之意显而易见，无外乎是对趋炎附势的旅馆老板的一种辛辣嘲讽，但由于他在言语中并没有直接拒绝对方，所以表面上看仍然维护了旅馆老板的面子，也维护了自己的形象与声望。

顺水推舟，威尔逊幽默地痛击他人

比较隐蔽的幽默可以运用隐晦的语言化解对方的攻击，而“顺水推舟”则更带攻击性，能令对方陷入难堪之境。

美国第28任总统威尔逊在担任新泽西州州长的时候，他的一位好友、州参议员不幸去世了，他非常伤心并作出取消当天一切约会的决定。

他刚作完这个决定，就接到了该州一位政治活动家的电话。

“州长先生”，那人结结巴巴地说，“我……我非常希望能够代替已经谢世的参议员的位置。”

“好吧”，威尔逊似乎漫不经心地说，“假如殡仪馆同意的话，我个人也是完全同意的。”

对于这种被权力蒙蔽了双眼而全不念人情世故之人，威尔逊自然是非常反感的，特别是在他痛失好友的特殊时候，竟然有人想要踩着他人往上爬，无疑他应该予以反击。

可是威尔逊并没有义正词严地指责该政治家的不念旧情，急于升职，反而是顺着他的话，表示十分同意。

不过，明眼人谁都能看出来，他同意的是让该政治家去火葬场代替自己的旧友。

威尔逊紧紧抓住这位政治活动家言语表达不清的弱点并顺势攻击，给对方以辛辣的讽刺与风趣的调侃，令对方十分难堪。

比较隐蔽的幽默可以运用隐晦的语言化解对方的攻击，而“顺水推舟”则更带攻击性，能令对方陷入难堪之境。也可以说，“顺水推舟”的幽默更考验当事人的临场反应力与人生阅历。

“顺水推舟”，顾名思义，指的是顺着对方的话往下说，使对方难以应对。但是这种幽默方式的应用，需要当事人具有很强的应变能力，能在现场作出即时反应，顺着对方的话令其自食其果，以难堪收场为止。

当然，“山重水复疑无路，柳暗花明又一村”，在人际交往中也是这样的，受攻击的一方很可能在下一个回合就转败为胜，关键是要懂得幽默的技巧。幽默地去应对，幽默地让对方难堪，让对方打掉门牙往肚子里咽，有苦说不出。

别说自己不愿做，而是要让对方清楚为何不用做

很多事情，若直接拒绝他人，会让他人觉得没面子，而通过举例子的方式，不仅能拒绝对方，不让对方觉得难堪，而且还能让对方心服口服。

艾森豪威尔是美国第34任总统。在任期间，他并不像有的国家领导人那样显得那样日理万机，甚至给人的感觉总是很悠闲。他总能用恰当的语言，让别人把该干的事都干好。这与他很会说话是分不开的。

艾森豪威尔的高超口才并不是当上总统之后才有的，他的好口才由来已久。

第二次世界大战结束后不久，艾森豪威尔出任哥伦比亚大学校长。一次，副校长安排他听有关部门的汇报，考虑到系主任一级人员太多，只安排会见各学院的院长及相关学科主任，每天见两三位，每位谈半个钟头。

在听了几拨人的汇报后，艾森豪威尔把副校长找来，问他总共要听多少人的汇报，回答说共有63位。

艾森豪威尔大惊："天啊，太多了!先生，你知道我从前做盟军总司令，那是人类有史以来最庞大的一支军队，而我只需接见三位直接指挥的将军，他们的手下我完全不用过问，更不用接见。想不到，做一个大学的校长，一次汇报就要接见这么多的人。他们谈的，我大部分不懂得，又不能不细心地听他们说下去，这实在是在浪费他们宝贵的时间，对学校也没有好处。你订的那张日程表，是不是可以取消了呢?"

在这里，艾森豪威尔并没有说自己不该做或不愿做那些琐碎的事情，他通过举例子的方式，让下属知道，自己并不是个凡事都大包大揽的老妈子，而是一个只做别人做不了或没法做的事，从而让对方以后不用事事都劳他大驾了。

很多事情，若直接拒绝他人，会让他人觉得没面子，而通过举例子的方式，不仅能拒绝对方，不让对方觉得难堪，而且还能让对方心服口服。

面对不能拒绝的问题，柯立芝模糊作答

在碰到不便回答的敏感问题时，你若对对方的提问“有问必答”，一旦说漏了嘴，就可能会被对方抓住把柄大肆渲染。

在很多场合，特别是一些非常时期的敏感场合，我们常常会碰到一些不便回答，又不能生硬地拒绝对方的问题。这个时候，我们应该如何作答呢?

遇到这种窘境，使用模糊回答的说话技巧，是相对比较合适的。这里的模糊回答既非敷衍，也非傲慢，而是一种既回答对方又让对方找不到你说话破绽的口才技巧。

1924年，在进行总统大选时，一位记者问他：“关于‘禁酒会’，你有什么要说的吗？”

“无可奉告。”柯立芝答道。

柯立芝的回答，让记者一无所获，却又无可奈何，因为柯立芝是作为一个普通的公民，也享有拒绝回答他人问题的权力。记者当然也会明白，柯立芝之所以不回答是因为有苦衷，也会对他的拒绝访谈表示理解。

作为一名政要，柯立芝当然知道言多必失的道理。特别是在一些敏感问题上，就更不能信口开河了。柯立芝为了稳妥起见，不出岔子，就用“无可奉告”来回避媒体的问话。

在碰到不便回答的敏感问题时，你若对对方的提问“有问必答”，一旦说漏了嘴，就可能会被对方抓住把柄大肆渲染。说出去的话，就是泼出去的

水，严重时不仅会有损你的形象，更会影响你的利益。

日常生活中，在使用模糊回答的说话技巧时，请务必注意，当交流双方为了某一问题争论不休时，虽然场面上很热闹，实际上已是离题万里了，这个时候你要快速判明局势，找到对方立论中的关键问题，使用模糊回答的方式果断结束谈话。

拒绝他人要委婉含蓄不直白

巧妙拒绝朋友违反原则的请求，很重要的一点是委婉含蓄，切忌太过直白。

在人际交往中，如果你朋友提出的要求违反了你的处世原则时，这时你既没必要给予他强烈的批评，也没必要直接回绝他。最好的方法就是让对方知难而退，这样既不伤朋友间的和气，也不违反自己的为人处世原则。

罗斯福当海军助理部长时，有一天一位好友来访。谈话间朋友问及海军在加勒比海某岛建立基地的事。

“我只要你告诉我，”他的朋友说，“我所听到的有关基地的传闻是否确有其事。”

这位朋友要打听的事在当时是不便公开的，但既是好朋友相求，那如何拒绝是好呢?

只见罗斯福望了望四周，然后压低嗓子向朋友问道：“你能对不便外传的事情保密吗?”

“能。”好友急切地回答。

“那么，”罗斯福微笑着说，“我也能。”

这位朋友明白了罗斯福的意思，不再打听了。

后来，罗斯福的这位朋友仍然和他交往着，感情也并没有减淡，因为那人很清楚罗斯福做事一向是很有原则的。

在这个故事中，罗斯福采用的是委婉含蓄的拒绝，其语言具有轻松幽默的情趣，表现了罗斯福高超的交际艺术，在朋友面前既坚持了不能泄密的原则立场，又没有使朋友陷入难堪，取得了极好的语言交际效果。相反，如果罗斯福表情严肃，义正辞严地加以拒绝，甚至心怀疑虑，认真盘问对方为什么打听这个、有什么目的、受谁指使，岂不是小题大做，有煞风景，其结果必然是两人之间的友情出现裂痕甚至危机。

在日常生活中，如果朋友向你提出的要求是不符合原则的，那么你就不能答应给他办，这叫坚持原则。聪明的人都不会为保持一团和气而丧失立场，不论什么样的关系，该拒绝的时候一定要坚决拒绝。但是，要讲究说话方式的灵活性，根据人际关系的类型和特点，根据双方交往的内容、场合和时间等的不同，采取灵活的策略。

华盛顿写字条妙拒华尔尼

对于他人提出的过分要求，冷面拒绝的话，必然会伤了和气。这时若能够用抬举对方的方法，委婉地拒绝对方，就可以起到兼顾两全的效果。

1797年，法国政治家华尔尼到美国拜访华盛顿，两人谈得非常投机。

让华盛顿没想到的是，华尔尼竟然向他提了个让他难为情的请求，那就是希望自己能给对方批个条子，以便能在美国各地免费周游一番。

华尔尼的这个请求，可让华盛顿犯了难：不答应对方吧，确实碍于友情不好开口；答应对方吧，却坏了自己的做事规矩，有以权谋私之嫌，更开了“官批”后门的先例。

华盛顿沉思片刻，拿笔写下“华尔尼不需要华盛顿的批条”这样一句话。

华尔尼以为，华盛顿作为大权在握的人，写个批条，让自己在美围免费旅游一趟，那肯定是小菜一碟。华盛顿当然知道华尔尼是怎么想的。

此时的华盛顿，可以说是陷入了两难的境地，不管他做出哪个选择，都不妥当：要么违反原则，要么得罪朋友。

于是，华盛顿就以笔代嘴，用一句“华尔尼不需要华盛顿的批条”，通过巧妙恭维华尔尼的权力比自己还大，委婉地拒绝了对方的无理要求，化解了尴尬。

这话里的意思，就是说你华尔尼具有无上的权力，连华盛顿都不如你，你还要华盛顿的批条做什么？面对华盛顿的这句戏言，华尔尼当然也不是白痴，不会真的装傻充愣地拿着这张批条作为免费门票去周游美国。

在日常生活与工作中，我们经常会遇到一些人提出的过分要求，冷面拒绝的话，必然会伤了和气。这时若能够用抬举对方的方法，委婉地拒绝对方，就可以起到兼顾两全的效果。

先肯定对方，再拒绝对方

与人交流时，我们经常会遇到情理相悖的事情，这时就要认真地加以分析，最好的办法，就是使之情理交融，这样才会收到最佳的说服效果。

林肯任职总统期间，有一天一位妇女来找他，并理直气壮地对他说："总统先生，你一定要让我儿子当上校。我们应该得到这样的荣誉。因为我的祖父曾经参加过雷新顿战役，我的叔父在布拉敦斯堡是唯一一个没逃跑的人，而我的父亲又参加过纳奥林斯战争，而我的丈夫则战死在曼特莱，所以……"

林肯这时接话道："尊敬的夫人，你们一家三代为国家服务，对国家的贡献实在太大了，对此我深表敬意。现在，您能否给别人一个为国效命的机会呢？"

妇女听后，哑口无言，只得走了。

这位妇女的家人为国家建立了功勋，理应得到国家的照顾。但是，因为其要求违背了国家的原则，所以林肯不得不拒绝她。

林肯是个做事有原则的人，这位妇女所提出的要求他肯定是无法满足的，可是这位妇女自认为有理，直接拒绝肯定让她难以接受。

此时的林肯，若说服方法欠妥，轻则会惹得妇女生气，大吵大闹；重则会影响恶劣，累及自己的形象与名声。

于是林肯先从肯定对方一家人巨大功劳说起，让对方感到一种被认可的满足感，然后林肯顺着对方的话头，用一种为对方考虑、不想再让其儿子也遭遇不测的口吻，让对方接受起来合情合理，也就不会再缠下去了。

一家三代人，皆为国做出巨大牺牲，无论是谁，相信听后都会大受感动。但这位妇女却想以此作为一种交换条件，“要挟”总统给儿子当官，这就过分了，林肯是无论如何也不会答应的。

军官的位子，可不是说给谁就给谁的，那需要靠自己去争取，而不能靠关系，也不能以照顾的名义授予他人。军队的职务，是保卫国家、随时做出牺牲准备的工作岗位，而不是谋求名利的位置。将此岗位提供给其他一心报效祖国的热血青年，也是一种爱国的举动。

这位妇女也许是被林肯讲述的爱国道理感动，也许是为了不再让自己的孩子继续牺牲，也就自然而然地放弃了自己的诉求。

与人交流时，我们经常会遇到情理相悖的事情，这时就要认真地加以分析，最好的办法，就是使之情理交融，这样才会收到最佳的说服效果。

用故事表达自己的意思

遇到不好解决的事情时，若能通过讲故事的方式，将不好当面拒绝对方的话曲折地表达出来，往往能起到很好的效果。

林肯当上总统后，他的一些亲友，或亲友介绍的带着介绍信的朋友，就闻讯赶来，想向他讨个一官半职。这一天，来找林肯的人多达20多个，挤满了一大屋。

过了一会儿，林肯就对那些人说："先生们，我想给你们讲一个故事。故事是这样的：很久很久以前，有个国王想去打猎，于是就召集王公贵族们进行磋商。他问其中一位大臣天会不会下雨，那大臣回答说不会。国王就带人出发了。走到半道，他们碰见一个骑驴子的农夫。农夫告诉他们，天快要下雨了，你们快回去吧。大家哪里肯听农夫的话，还带着鄙夷的神情嘲笑他，并继续赶路。但是，他们没走多远，天就开始下起了瓢盆大雨。国王一行人被淋得浑身湿透。回到王宫后，国王就召见了那个农夫。问他：'你是怎么知道天要下雨的？'农夫回答：'我不知道，是驴子告诉我的。'国王很诧异：'驴子怎么会告诉你呢？'农夫回答说：'竖起它的耳朵，陛下。'国王听后就买下了那头驴子，并给驴子封了官。"

"在这个问题上，"林肯评论说，"国王犯了一个大错误。"

"犯什么错误了？"那些人都急着想知道。

"哎呀，是这样的。"林肯笑着说："从此以后，所有的驴子就都想当官了。”

生活中有点地位的人，都难免会有这种感受，那就是很多人都想从你这里谋得一些利益，获得一点好处。在上述例子中，林肯对这些心怀私念的人，并没有直接加以拒绝或斥责，而是通过讲故事的方法，对他们进行暗示，含蓄地讽刺他们别像故事里的驴子一样，也梦想着当个一官半职。

遇到不好解决的事情时，若能通过讲故事的方式，将不好当面拒绝对方的话曲折地表达出来，往往能起到很好的效果。林肯用一个生动有趣的故事，暗示对方自己根本就不会帮助他们，否则就成了故事里面的那个糊涂国王。

需要提醒各位的是，在用讲故事的方式说明问题时，该故事必须精挑细选，一定要用适合你所遇到的情景，且故事的寓意不可艰涩难懂，也不能包含容易让对方产生歧义的故事，尽量让对方一听就明。

轻诺者寡信

> 轻易许诺的人必定是没有多少信用的人，因为他今天对这个人许诺，获得这个人的信任；明天，他又会去对另一个人许诺，获得那个人的信任。

不要轻易许诺给别人，许诺以后就要兑现，这是美国总统林肯先生在他的处世中的一条原则，他是这样说的，也是这样做的。

一天，林肯正在自己开办的律师事务所里打扫卫生。因为，这几个月来，一直没有什么生意。如果这种惨淡的经营局面不能很快得到改观的话，他的这个事务所就只有关门歇业了，为此他很是着急。

正在林肯为自己的事务所出路不知如何是好之际，这时一个体态雍容的华贵女人走了进来，一见到林肯就满面愁容地对他说："哎呀，先生，您是这儿的律师吗?"

林肯一边答应着，一边客气地把她让进屋来。他看到这个女人眉宇之间流露着惧怯、悲愤。看上去，她很焦急，林肯请她坐下后，让她稍稍安静一下。

过了一会儿，这个女人对林肯哽咽地诉说出自己的委屈来。她的小儿子阿姆斯特丹错误地结识了一批恶人，整天与他们混在一起，还把他们当成自己的好朋友。其中有一个名叫福尔逊的，非要她的小儿子阿姆斯特丹与他一起去要别人借他的钱。

一天晚上，他们俩把欠福尔逊钱的那个人劫到一个行人很少的角落里。

福尔逊让阿姆斯特丹为他望风，福尔逊对那个人进行拷打，向他索要钱财。那个人声称自己没有钱，恼羞成怒的福尔逊一气之下，捡起一个酒瓶子猛击那人的头部，谁知，竟将那人砸死了。事情发生后，福尔逊害怕了，主动投案自首。令人没想到的是，福尔逊为了逃脱罪责，竟诬陷阿姆斯特丹是杀人凶手。对此，警方可能出于立即结案的目的，竟也没有多加怀疑，现在他的小儿子即将被判刑。

那个女人又说自己跑了好几家律师事务所，但没有人敢出来受理，最后她说：

“先生，救救我的儿子吧！他是无辜的。如果官司打赢了，我决定付10万美元的报酬。”

10万美元，对于手头拮据的林肯来说，可不是个小数目。林肯简直有点不敢相信自己的耳朵。可是，他还是不停地来回踱着步，反复地考虑着能不能接这个案子。他脸色铁青，沉默了好一阵子。

“先生，难道您不相信我的话吗?”女人有点失望。

“不，尊敬的女士。我首先想到的是事实。事实，懂吗?事实是律师的金子，事实是律师行路的拐杖。没有事实，任何一个高明的律师也打不赢官司。所以，在没有获得事实以前，我只能是个半哑巴。”

“先生，我不明白您的意思。”

“假如您说的是一件事实，而且也有确凿的证据证明它是事实，那么，事情就成功啦，您的儿子就有救了。”

女人抽泣了片刻后，坚定地说：“先生，您的稳健、智慧，使我看到了生命的希望。”

后来，林肯进行了多方的调查取证。他为了寻找与案子有关的线索，不辞劳苦地奔波，最后凭借铁的事实、超人的智慧和雄辩的口才，使这个女人的小儿子阿姆斯特丹终于没有被以杀人的罪行给予惩处，硬是把这场几乎已成败局的官司给赢了回来。

此事过后，林肯一时名声大振，周围的人都不约而同地对他投以尊敬和信任的目光，他的事务所的生意也随之蒸蒸日上起来。

轻易许诺的人必定是没有多少信用的人，因为他今天对这个人许诺，获得这个人的信任；明天，他又会去对另一个人许诺，获得那个人的信任。久而久之，人们慢慢就会发现这个人的虚伪，会愤怒地撕下他的伪装，或对其“敬”而远之。

第四章

面对刁难，美国总统教你怎么办

非常场合，肯尼迪机敏应答

机敏者一般都是成熟稳重的，特别是身处窘境时，沉着稳重更有助于提供化解尴尬的妙法。

在很多场合，如果遇到有人给你出难题，你就要学会“随机应变，机敏应答”。

在竞选总统时，如果没有好口才，那么，这样的候选人在咄咄逼人的政治对手面前，大多会很快败下阵来。在竞选时，不善于雄辩，让对手轻易抓住自己的弱项，即使你拥有治国的超凡能力，也很难在竞选中获胜。

在历届美国总统中，肯尼迪堪称雄辩之士。

在美国第35任总统候选人的提名过程中，肯尼迪的年轻和孩子般的外表成了一个不折不扣的不利条件。众议院发言人萨姆·雷伯恩就攻击肯尼迪是乳臭未干的几个民主党领导人之一。

肯尼迪哈哈一笑，把问题抛到一边：“萨姆·雷伯恩可能认为我年轻。不过对于一位已是78岁的人来说，他眼中的大部分人都很年轻。”机敏地暗示对方太老。

可是这个问题始终纠缠着肯尼迪。哈里·杜鲁门在一次全国性演讲中又向肯尼迪挑战，“我们需要的是一个极其成熟的人。”这位前总统说。

肯尼迪用逻辑和机智回敬了他的挑战。他说：“如果年龄一直被认为是一个标准的话，那么美国将放弃对44岁以下所有人的信任。这种排斥可能阻止杰斐逊起草独立宣言、华盛顿指挥独立战争、麦迪逊起草宪法、哥伦布去发现新大陆……”

肯尼迪在遭到突如其来的诘难时以非常机敏的方式巧妙地回答对方并予以有力地反击。机敏是机智、敏捷，体现的是人们对矛盾的感受能力以及由此产生的变通能力。这就要求我们必须善于发现问题，判定相应的对策，而且还要随着事情变化不断调整应变策略。

力挫群雄的美国总统几乎个个都具备超常的口才，否则，在当初竞选总统时，他们就很难成功。口才是一种综合能力，除了天赋之外，还包括其他众多因素，其中最重要的是要靠后天训练。训练的内容，是要尽可能多地掌握说话技巧，在公众场合有意识地进行实践锻炼。此外，还要多读书，多汲取各方面的知识。知识渊博的人往往都会有这样的体会，这就是：在各门知识学科间常常会有相互交融的“边缘”。

因此，学习和掌握说话技巧，更重要的是要学会将各门知识进行融会贯通，不能仅仅局限于学习技巧方面。

一个人如果拥有丰富的知识，就等于在口才的“武器库”中增添了许多锐利的武器。

在竞选中，肯尼迪恰当地运用逻辑学的推理方法，击败了对手，从而使自己的“弱项”变成“强项”，这是他熟悉逻辑学知识的结果。

巩俐小姐有次在香港接受访问，有个记者问道：“您觉得自己漂亮吗？”这时候回答“是”或着‘不是’似乎都不够妥当，巩俐想了一下说：“我觉得我的牙齿是漂亮的，虽然不整齐却与众不同。”这样的回答博得了全场的掌声。

机敏者一般都是成熟稳重的，特别是身处窘境时，沉着稳重更有助于提供化解尴尬的妙法。

怪问怪答，林肯巧破刁难

在与人辩论时，若遇到很难同对手辩解清楚的话题，一个很有效的方法就是别正面回答对方的问题，而是巧妙地借题发挥，化繁为简，用戏谑对方的方式加以联想引申，这样就能很好地为自己摆脱窘境了。

在竞选美国总统时，林肯的主要对手是道格拉斯。两人身份悬殊，林肯出身贫苦家庭，从小就饱尝生活的艰辛。但道格拉斯却身世显赫，生于名门，家财万贯。而且，他还在美国独立战争中立下赫赫战功。可以说，无论从哪个方面看，道格拉斯的竞选条件都要比林肯更胜一筹。

在总统竞选辩论会上，林肯与道格拉斯都纷纷拿出各自的看家本领，希望通过口才将对方击败。双方你来我往，各有所长，一时高下难分。

在辩论中，道格拉斯突然发难，他指控道："林肯说一套做一套，有两张脸，是一个地地道道的两面派！"

林肯立刻予以回击："道格拉斯先生说我有两张脸，那么就请大家说说看，要是我还有另外一副面孔的话，还会用现在这副难看的面孔来参加辩论吗？"

林肯的幽默，让听众哈哈大笑。就连道格拉斯本人，也跟着大伙一起笑了。大家都知道，林肯可不是帅哥，他的相貌跟英俊一点也不沾边，他故意拿自己的脸说事，以此应付对手的非难与攻击。

道格拉斯攻击林肯"是一个地地道道的两面派"，这个评价是影响林肯声誉的，也是对他人品、人格与道德的污蔑。若直接否认自己是两面派，双方就会陷入无趣的争执中，谁对谁错就无法让人搞懂了。

林肯在这里用自己的快速应变能力，将对方的攻击轻易化解。他没有在“两面派”所涉及的道德内涵方面纠缠不休下去，而是故装糊涂，将话题引申开去，把“两面派”理解成“两张脸孔”，这就把道德问题撇到了一边，换了一个大家更容易接受的个人形象话题，使得本来很严肃的辩论主题顿时变得有趣起来。

如此一来，林肯就不会是道格拉斯所污蔑的那个道德败坏的两面派了，而是一个不可能存在的具有两张脸孔的怪人。林肯继续发挥自己的辩才：既然我还有另外一副面孔，那么怎还会用现在这副难看的面孔来参加这么重要的辩论呢？我应该是会用另一张比较好看的脸孔参加辩论才是。由此大家就很自然地能够推理出，道格拉斯是在胡说八道，他在污蔑林肯。

在与人辩论时，若遇到很难同对手辩解清楚的话题，一个很有效的方法就是别正面回答对方的问题，而是巧妙地借题发挥，化繁为简，用戏谑对方的方式加以联想引申，这样就能很好地为自己摆脱窘境了。

避实就虚，里根以退为进

这种避实就虚、假退真进的辩论技巧，既是一种积极的思维方法，又是一种高超的说话技巧。

里根在参加连任竞选总统时，资深记者亨利·特里惠特向他提出了这样一个问题："总统先生，您已经是美国历史上最年迈的总统了。您的一些幕僚们说，最近在竞选战之后，您感到非常疲倦。我回忆起肯尼迪总统，他在古巴导弹危机时，不得不连续工作好几天，很少睡眠。您是否怀疑过，在这种处境下您能履行自己的总统职责呢？"

里根总统微笑着回答说："我希望你能知道，在这场竞选中，我不愿把年龄当成一项资本。我不打算为了政治目的，而利用竞争对手的年轻与缺乏经验。"

里根的回答，充分展现了他灵活的思维，也展示了他高超的说话技巧。当记者亨利·特里惠特对里根的年龄大这个弱点进行攻击时，里根却将对方的攻击点变成自己的优势来说，巧妙地把对方所谓的"长处"变成了"短处"，而把自己的年龄大这个"弱点"变成了自己的"强项"来着重强调。看来，世间万物都具有其两面性，关键是我们要善于灵活运用。

里根自然清楚对方那样问的用意，就是嫌自己年纪大了呗。面对他人的攻击，里根没有沮丧、气馁，而是调转话头，将年龄大这个弱点变成自己经验丰富的优势，把对自己有利的一面留下来，而把不利的一面抛给了对手，瞬间化解了对方的刁难。

这种避实就虚、假退真进的辩论技巧，既是一种积极的思维方法，又是一种高超的说话技巧。

记者亨利·特里惠特的尖锐提问，其实也可看作是来自竞争对手的攻击。无疑，在他人看来，里根最大的劣势或弱点，就是他的年纪太大了，而总统工作又非常繁忙，质疑他不能胜任总统职位，并将他与年轻的肯尼迪总统进行比较。

里根若在亨利·特里惠特提出的这个问题上恋战，因为年龄大是既成事实，那么他只会越辩越弱，最终必定会陷入对方设下的逻辑陷阱。

里根的唯一取胜之道，就是尽快避开这一点，并设法将对方所认为的优点或优势找出其要害加以攻击，利用任何事物都有利有弊的两面性原理，把“年轻”的弱点与“年老”的优点进行比较，从而暗自抬高自己，反诘对手，达到了预想的效果。

以其人之道，还治其人之身

在社交场合中，一些辩论高手自持说话技巧高超，经常会在沟通中故意设下圈套，遇到这种情况，若不能及时识破，早点脱身，就极有可能会下意识地顺着对方的思路，掉进对方早就挖好的语言陷阱。

1809年2月12日，大雪飘飞。农民托马斯家里一个小小的生命降生了，托马斯将他取名为亚伯拉罕·林肯。

6岁那一年，林肯成了家里的好帮手，他经常跟着父母在地里干农活。尽管如此，林肯一家的生活还是很艰难。后来因为生活所迫，他们全家不得不到印第安纳州去开荒。

也是在这一年里，母亲为了林肯的将来，决定把他送到学校读书。由于经济的原因，林肯所上的是一家设备非常简陋的学校。

林肯在学校读书的时候就已经显示出超人的才智。当时，就有一位老师想难倒林肯。某一天在课堂上，他问道：

“林肯，你是愿意考一道难题呢?还是考两道容易的题目?”

不出所料，林肯答道：“考一道难题吧！”

“好吧，那么请你回答，蛋是怎么来的?”

“母鸡生的。”林肯答道。

“那么，鸡又是从哪里来的呢？”

“老师，”林肯说，“这已经是第二个问题了。”

林肯老师提出的问题的确不好回答。在逻辑学上，这就是循环论证，即由前提甲推出结论乙，又拿乙做前提来证明甲，这种论证是无法成立的。林肯实际上是用了“以子之矛，攻子之盾”的方法，把对方引导到否定自己的结论上。

到底是先有鸡，还是先有蛋呢？这个问题，绝对是一个世界级的难题，别说仅仅几岁的小林肯无法回答，就是他的老师，也不可能给出标准的正确答案。

小林肯在回答了老师提出的第一个问题之后，老师随之又问了下一个问题。若第二个问题林肯知道答案，他会直接答复老师，但是，老师出的第二个问题根本就没有标准答案，于是聪明的林肯只好避而不答。

小林肯用过人的机智与聪颖，在发现第二个问题自己无法回答时，马上避开老师预设的思维圈套，在不违反游戏规则的情况下，用其人之道还治其人之身，巧妙地用“不回答”的方式来“代替回答”，的确高明。成年后的林肯善于讲演，他的讲话凝练、朴实，易为人们理解，被公认为是一流的演说家。

在社交场合中，一些辩论高手自恃说话技巧高超，经常会在沟通中故意设下圈套，遇到这种情况，若不能及时识破，早点脱身，就极有可能会下意识地顺着对方的思路，掉进对方早就挖好的语言陷阱。这就需要我们对此种说话技巧加以学习与研究，以便在需要化解尴尬的时候，帮助自己走出窘境。

以谬归谬，物归原主

归谬法是一种比较常见的逻辑推理方法，具有很强的攻击性。在与人辩论中，我们可以借鉴使用这种推理方法，让自己的辩语具有层层推进、环环相扣的强大逻辑力量。

华盛顿任职总统期间，有一次开会讨论军队人员问题，一位议员建议说："我认为在宪法里应该规定这么一条：常规部队在任何时候都不得超过5000人。"

华盛顿听后，立马神情平静地说："这位先生的建议的确很好。但是，我认为还必须得加上一条：外国军队侵略美国时，任何时候都不得超过3000人。"

很显然，议员的说法很不合理，但是，若想找出什么直接证据来证明对方是错误的，也是一件难事。遇到这种很难说服对方的情况时，采用归谬法是最佳选择。

使用此法时，你其实大可先承认对方的观点是正确的、合理的，然后再根据对方原先抛出的观点，按照逻辑加以推理，就很容易得出对方所言是不符合事实或违反常理的荒谬结论。

归谬法是一种比较常见的逻辑推理方法，具有很强的攻击性。在与人辩论中，我们可以借鉴使用这种推理方法，让自己的辩语具有层层推进、环环相扣的强大逻辑力量。若能将此法娴熟地运用在辩论中，常常会收到"峰回路转，柳暗花明"的绝佳效果。

在上例中，那位议员建议“常规部队任何时候都不得超过5000人”，并要求把该规定写入宪法。华盛顿作为一国总统，出于国防安全考虑，他自然会认为这太少了。

若直接反驳议员的意见，效果肯定不会好，于是华盛顿就索性地站到了对方的立场上去，先承认对方的建议是正确的，然后用该建议作为论点，使用逻辑推理得出一条新规定，那就是：“外国军队侵略美国时，任何时候都不得超过3000人。”

很显然，这样的规定让人笑掉大牙！

议员的建议为何貌似正确，而被华盛顿这么一推理，规定就显得如此可笑了呢？因为建议没经过科学的论证或事实的检验，而规定是经过论证或事实检验的。稍微懂点常识的人都知道，任何国家都不可能作出这样的规定。这也就很自然地让人们知道，该议员的提议是荒谬的。

迂回含蓄胜过当面批评

这种“借言”说事的说话技巧，是一门高深的说话艺术。因为话是你说的，那我就不妨“借”“你的“言”来表我的意，既表达了自己的观点，也给足了对方的面子，往往只是妙用一个字，就能解决很多不便明说的棘手难题。

在与人沟通的过程中，特别是在指出他人的错误时，直达主题，语言过于直白，往往会引起他人的反感和顶撞，这时如果采取拐弯抹角的方法，既可以让他人明白自己的错误与过失，又能够使他欣然接受、乐于改正。

华盛顿总统有位年轻的秘书，这个秘书有个坏习惯就是上班经常迟到。一天上午，这个秘书上班又迟到了，他见华盛顿正在办公室等着自己，觉得有点内疚，就找借口说自己的手表出了毛病，所以自己才来晚了。

华盛顿见秘书这么说，也没有发火，只是淡淡地对该秘书说：“你恐怕要换块手表了，否则我就得换一位秘书。”

很明显，华盛顿是用迂回的语言，来批评这个上班老是迟到的秘书。

华盛顿在这里巧用了一个“换”字来表达自己的不满，要么秘书“换表”，要么就是华盛顿“换人”，言语虽然简单，却能诙谐地表达华盛顿对秘书迟到的不能容忍。

华盛顿的高明之处在于，他虽然对秘书迟到很生气，但并没有大发雷霆，更没用说一些狠话直接批评秘书，而是用简单的一句话，让秘书意识到问题的严重性：别说表的问题，而是你的问题，以后若再迟到，那就得请你卷铺盖走人。

“换表”与“换人”，看似一字之差，实则奥妙无穷。估计秘书听后，立即就会感受到一种巨大的危机感，以后再也不敢迟到了。而且，华盛顿与秘书之间还没有激化矛盾，年轻的秘书除去后悔之外，一点也说不出华盛顿哪儿不好。

这种“借言”说事的迂回说话技巧，是一门高深的说话艺术。因为话是你说的，那我就不妨“借”“你的“言”来表我的意，既表达了自己的观点，也给足了对方的面子，往往只是妙用一个字，就能解决很多不便明说的棘手难题。

说服他人靠的是脑袋而不是口才，所以在劝人时不可直来直去、正面交锋，直白的语言只会招人反感和讨厌，采取迂回的战术，让他人明白自己的过错，才能出奇制胜，达到自己的目的。

面对低俗的攻击，林肯教你怎么办

面对低俗的刁难，首先要沉住气，稍加思索，看看能否发现对方的破绽、漏洞，一旦找出对方的破绽就设法加以利用，引入对自己有利的观点，常常能收到意想不到的奇效。

在日常生活与工作中，每个人都有可能会受到他人的攻击，有些攻击十分低俗，让人无法忍受。这时，我们该怎样来应对呢？不妨来看看铁嘴林肯的妙招。

一天，林肯总统正在台上发表演讲。这时，有个青年递给他一张纸条。林肯打开一看，却见纸条上写着“笨蛋”。很显然，这是有人在捣乱，故意让林肯难堪。

林肯的第一反应跟平常人一样，面对刁难脸上也会掠过一丝不快，但他很快就平复了自己的情绪，扬起纸条笑着告诉听众：“我曾经收到过很多匿名信件，但大部分都只有正文无署名，而今天却恰好相反，刚才这位写纸条的先生，只署上了自己的名字，却忘了写正文。”

小插曲过后，林肯就继续开始自己接下来的演讲。

林肯在公开场合被人谩骂，虽心中不快，但并没有为此气冲云霄。而且，他非但没有大发雷霆，还在瞬间迅速恢复了情绪，脸上甚至还露出了笑容。这是极为难得的，尽显林肯的大家风范。

遇到别人的无理谩骂，大多数人都会难以控制愤怒的情绪，最直接的想法往往会采取“以眼还眼，以牙还牙”的方式给对方以报复。

但是，对于一个口才好的人，是不会把口才浪费在粗俗的谩骂之中的。

林肯为何能够做到临危不乱呢?因为林肯早已看出对方的破绽——纸条上没有署名。这样一来，林肯就能够把纸条上的内容变换一下，纸条上的“笨蛋”，也就成了骂人者的署名。

在这种场合，林肯当然不会容忍别人的无耻谩骂而不敢吭声，但他也不可能与这种小人纠缠不休，那是浪费自己的时间与精力。最好的方法就是选择一种方式，既能有力地回击对方，又能体现自己的良好涵养。于是他巧妙地进行了回击，用寥寥数语，就将对方踢来的球顺势给踢了回去——把对方的骂语变成了对方的署名。

那个匿名者也许根本就没想到，他竟然会搬起石头砸自己的脚，本来是想羞辱林肯的，没想到却被林肯羞辱了。

出现这样的突发事件，一般人可能会感到束手无策，因为这是一道在逻辑上、理论上都很难辩的低俗辩题，但林肯却快速进行了反击，利用对方的破绽，换个角度引入一个新概念反击对方，不仅将对方的羞辱之词尽数奉还，还使现场的气氛更加轻松欢快了，避免了本来可能会出现的剑拔弩张的难堪局面。

面对低俗的刁难，首先要沉住气，稍加思索，看看能否发现对方的破绽、漏洞，一旦找出对方的破绽就设法加以利用，引入对自己有利的观点，常常能收到意想不到的奇效。

当然，在具体运用时，并不是随时都能找到现成的观点和材料可以拿来即用的，这需要你对攻击方当时的观点与自己的情况，进行合理的归纳、提炼。

以虚对实，亚当斯用幽默应对流言

每个人都有可能会被一些无中生有的流言所攻击，而这些流言又是很难用证据来证实清楚的，在这种时候，不妨以虚对实，点出对方言语中的自相矛盾之处，让对方的诽谤瞬间破产。

亚当斯在竞选美国总统时，遭到了共和党人的指控，污蔑他曾经派他的竞选伙伴平克尼将军，在英国挑选四个美女做情妇，并言之凿凿地说这四个情妇中的两个给了平克尼，而另外两个，则被亚当斯留给自己当情妇了。

面对污蔑，亚当斯不但没有生气，反而哈哈大笑起来，说："如果这件事是真的，那么平克尼将军肯定是瞒着我，将四个情妇全都私自独吞了！"

亚当斯的幽默应对，让共和党人哑口无言。

大家知道，美国总统在换届选举时，参选的党派经常会互相污蔑、攻击对方。亚当斯也不例外，他也遭到了对手的攻击。如果亚当斯面对污蔑沉不住气，就会气急败坏地把对方痛骂一顿，甚至与对方大打出手，若是那样的话，虽然能暂时出一口恶气，但结局一定是非常糟糕的。稍有不慎，就有可能前功尽弃。

面对竞争对手的下流指控，亚当斯没有火冒三丈，也没有拿起法律的武器，去控告对方的"诬陷罪"，而是异常冷静地予以大度反击。

在这里，冷静的亚当斯，采用的是"以实对虚"的说话技巧。他以退为进，用明抑暗褒的幽默言谈，轻松地反击了对手的指控根本就是无中生有，用一句话就击败了政敌，并赢得了广泛的尊重。

他的回答，表面上看似是在批评平克尼将军，抱怨平克尼将军在挑选四个美女的事情上欺瞒了他，而擅自将四个美女留下自己独自享用，其实，稍有点社会常识的人都知道，亚当斯此语，不仅洗清了自己，也肯定了平克尼将军的为人。

选民的眼睛是雪亮的，他们当然清楚这是政治，是两个党派之间的竞争。至于平克尼将军的人品，他们自然也会有自己的判断。并不是共和党人一污蔑，选民就相信的。

不管是从伦理方面，还是从官场游戏规则方面来看，平克尼将军都不可能会做出这种事的。按照官场的游戏规则，平克尼将军作为亚当斯的下属，在执行上级领导命令时，本应按质按量地达到上级要求，但若按对手的说法，他却违背了这个游戏规则，显然是不可能的。

在破绽百出的荒唐污蔑面前，亚当斯只用一句驳斥，就让对方的谣言不攻自破。

在日常生活中，我们每个人都有可能会被一些无中生有的流言所攻击，而这些流言又是很难用证据来证实清楚的，在这种时候，我们不妨用亚当斯的方法以虚对实，点出对方言语中的自相矛盾之处，让对方的诽谤瞬间破产。

打破社交中的尴尬局面

在社交中对付尴尬的最好方法，就是运用自己的机智和幽默感来化解。

生活中经常会发生这样的事情：有人在很多人面前说出你不想让他人知道的秘密或揭你的伤疤，从而让你窘迫万分，甚至大发雷霆。

遇到这种情况，怎样才能不失风度地维护自己的面子呢?

大家都知道，美国总统林肯长相很普通，甚至可以说是有点“丑”，有一次在一个公开场合，有一个人对林肯说：“你长成这个样子，还出来干什么?还不如躲在家里别出来。”

毫无疑问，这话是非常不礼貌的，但是林肯只是淡淡一笑，回答道：“非常抱歉，我这是身不由己的。”

其实，“身不由己”这个词是就他的长相来说的，天生这样，他也没有办法。大家听了之后，都笑了起来，难堪的局面就过去了。

日常生活中，我们每个人都有可能被动地扮演这种尴尬角色。让你感到难堪的，可能是你的朋友、同事或者爱人。当着很多人的面，他们取笑你，或者告诉别人你不愿提及的往事，让你心里感到很不舒服。假如你因此而发飙，对方就会说他只不过是跟你“开个玩笑”而已，还说你一点幽默感都没有。

社交专家表示，如果跟这种人打交道，有两种不同的处理方式。

一种是消极的抵抗。要么被羞得恨不能找个地缝钻进去，要么情绪爆发大吵一架。当然这会让你在别人眼中的形象顿时一落千丈。

另一种是积极的应对。你可以巧妙地利用这些信息，把不利变有利，不但可以有效地抵御“寻衅者”，还能让自己更受欢迎。

一位著名的社会学家指出，遭到公开的羞辱，当然没人会高兴，并且这也不是件可以轻易忽视的小事。当受到公开羞辱而受到情感伤害时，大多数人会失态、发火、或者一句话都说不出来。不过你还有另一种选择——保持理智，控制交往情势。

你不用花很多时间去琢磨：“为什么这个人要这么对我?”有些人是故意这么做的，也许是因为他们感到了你对他们的潜在威胁，也许是为了报复在他看来你曾做过的对他不利的一些事。另有一些人则仅是心里憋不住事，试图一吐为快，却没有想到自己不经意的做法，会给别人带来那么大的伤害。

去琢磨这些人的动机是非常不明智的。“对方很可能不知道你会介意这个事情。”当你向对方指出其言行失礼时，那些出于好意的却拙于表达的人，通常都会马上向你致歉的。

不过，当时应当采取什么样的办法去应对，还得看具体情况。如果当你的老板或上司在同事们面前指责你，并且今后还有可能出现这种情况时，你可以这样回复上级：“这个问题我待会儿能否单独向你请教一下?”这样做既不失风度，又维护了你的自尊。

同样的道理，如果你曾被家人或朋友这样伤害过，与其采取他们对你的方式回敬他们，倒不如直截了当地向他们说明，他们的做法已经使你受到了伤害。如果他们还这样做的话，你可以进一步表示自己将不再信赖他们。这种应对能力一方面显示出你的清醒而健康的自尊与受人尊重的感情控制能力，又可以使对方相形见绌，可谓一举两得。

如果有个人在第二次使你感到这么窘迫时，你的措施就要相对严厉些。有时必须当场制止，对他说：“你能否告诉我，为什么你总是有意让我难堪呢?”或者对他这样说：“你看起来好像心情不大好，是不是我做了什么让你不高兴的事?”这种应对能表现出你宽宏大量的良好素养，从而获得旁人的尊重、对方的认同，使对方的态度快速转变，进而改善两人之间的关系。

当然，不管你采用的是什么办法，最重要的是一定不要发火失态。否则只能使“寻衅者”占优势，而且会招致更深的敌意。

不过，经过实践证明，对付这种尴尬的最好方法，就是运用自己的机智和幽默来化解。下面这两位女作家之间的交往故事，相信可以带给大家很好的借鉴。

一位作家写了一部书反响很不错，出于妒忌，另一位作家走到她面前，不怀好意地说：“你这本书写得不错，不过不知道是谁为你代笔的呢?”

而她则对她说：“很高兴你能夸奖我这本书。不知是谁念给你听的呢?”

对方嘲讽她不会写，而她则回敬对方不会读，既在情理之外，又在情理之中，用一个玩笑化解了尴尬。

这就仿佛在拥挤的车厢里，别人不经意地踩你一下或碰你一下是常有的事，在跟形形色色的人打交道时，有些小矛盾和小碰撞都是在所难免的。当遇到这种情况时，一定不要大发脾气，而是要用智慧去解决，事情才能有个最好的结果。

第五章

以诚感人，以情动人

拿出你的真诚与关爱

用平常的话语，与对方巧拉家常，表现你质朴、平凡的一面，从而赢得对方的同情与支持，这是极为高超的说话艺术。

美国前总统尼克松的口才在当时颇有一定的知名度。1952年，尼克松被提名为艾森豪威尔的副总统候选人。然而，就在竞选进入关键阶段时，有家别有用心的报纸却报道说尼克松曾收受了一小批加利福尼亚商人的贿赂，顿时舆论哗然。甚至连共和党、民主党的领导人都对尼克松失去了信心，艾森豪威尔也打算弃用这个贪财的家伙。

尼克松决心为自己洗刷清白。于是尼克松夫妇、两个女儿和一只身上有黑白斑点的小狗坐在书房里的画面出现在电视屏幕上。尼克松在这轻松的氛围中开始向公众演说。他声明他个人并没有花不属于他个人的一分钱，他一生只接受过一次馈赠，就是这条别人送给他女儿的小狗。

他态度极为恳切地为自己辩解道："在选举之后，我们的确得到一件礼物，一位住在得克萨斯的人听到我们的两个孩子希望有一条狗，你有理由不相信，我们进行这次竞选旅行的前一天，得到巴尔的摩市联合火车站的通知，说他们那里有一件寄给我们的包裹。"

"我们打开包裹，你很想知道里面是什么吧?它是一条西班牙长毛垂耳小狗，身上有黑白斑点，它装在一个板条箱中，从得克萨斯远道而来。我们6岁的小女儿特里西亚把这只狗叫作切克尔斯。你们知道，孩子们是喜欢这只小狗的。正好此刻我要讲这件事，不管他们对此说些什么，这只狗我们肯定是要养下去的。”

尼克松没有声色激昂地为自己辩论，而是像平时聊天一样，这些看似平常的话出自一个机智多谋的政治家之口，它不仅还了尼克松的清白，还给无数的选民留下一个忠诚、充满爱心的形象，从而使他顺利地赢得了竞选的成功。

用平常的话语，与对方巧拉家常，表现你质朴、平凡的一面，从而赢得对方的同情与支持，这是极为高超的说话艺术。

说话要充满激情

说话缺乏激情，就会显得苍白无力。

每个人都有激情，只是在现实生活中，很少有机会能表现出来，加之一般人都不愿将自己的感情当众流露，因此，人们总是通过交流或者参与某种活动，在一个大家都非常投入、十分忘我的氛围中，以满足这种感情流露的需要。

其实，每个人当众说话时，都会依自己倾注谈话的热心程度而表现出不同的热情与兴趣。这时，我们的真情实感常会从内心流露出来，这是一种自然的流露，也是一种可以感染他人的流露。在说话和演讲上，如果我们能够调动自身的激情，以情感人，那么，听者的注意力便会在我们的掌控之下，我们就掌握了开启听众心灵之门的钥匙。

人们对林肯就任第二任总统的一篇演说赞赏备至，称之为“人类最光荣而最宝贵的成绩之一，是最神圣的人类雄辩的真金”。其演说内容如下：“我们对于大战灾祸能够早早结束，都很热诚祈求。但是，如果上帝仍欲使战争继续下去，并把世人辛苦了250年积累下来的财富完全化尽，受过鞭笞的身体还要受一次刀枪的残害，那我们还是说：‘上帝的审判，完全是真实而公平的。’不论对什么人，我们都要慈爱而不要怨恨，我们还是遵照了上帝的意思，坚持正义，并继续努力完成我们的工作——整顿我们已经残破的国家，纪念我们战死的烈士，以及因战争而造成的孤儿寡母，以达到人与人之间的永久的和平。”

有人评价道：“林肯在葛底斯堡的演说已经十分伟大，然而他第二次就职演说，要更伟大……这是林肯一生中最感人的演说，他的这个演说，使他的智慧和精神的威力达到了登峰造极之境。”

还有人说：“这简直是一篇神圣的诗，美国历来的总统，从未对美国的民众讲过这样的话，而且美国的总统，也从没有过一位在心底里找出了这样的话来。”

缺乏激情，你所说的话就会苍白无力，枯燥无味。想打动人心，说服对方吗?那么，请让你的讲话充满激情吧！

坚持自我，亚当斯凭良心做事

在社交场合，面对他人的强势，如果对方的话语没有触及自己的底线，倒是可以不与对方计较，但若触及自己的道德底线，那就不能软弱了。

约翰·亚当斯是参与起草美国《独立宣言》的重要人物，他坚决支持美国脱离英国的殖民统治，而作为一个主权国家独立出来。

亚当斯作为出席在费城举行的大陆会议的代表，仅一年的时间他就在这项爱国主义事业的运动中，迅速成长为最“明智而有说服力”的人物，为此，他费城的朋友本杰明·拉什不无感慨地说：“他一眼就能看透事物的本质，并大胆表达自己的观点，对于其他人的看法和自己这样做的后果，他从来都没有为此退缩过，畏惧过……他毫不掩饰自己，做任何事，对待任何事就像一个玻璃人一样透明……”

在费城大陆会议期间，反对派宾夕法尼亚州代表团的头目迪金森在演说时，警告新英格兰的代表说，若排斥恢复和平的可能性，那就是“昏了头”。

亚当斯马上站起来予以反驳，直到会议结束后他离开会议室时，迪金森仍然不依不饶地在会场外与其争论不休。

后来，在亚当斯的回忆录中，曾对当时的情景做了描述：迪金森冲出会议室后愤怒地责问他：“亚当斯先生，作为新英格兰人，你们反对我们和解办法的真正原因是什么？我警告你们，若不同意我们的和平计划，那么，我们中的许多人会和你们新英格兰人断绝关系，然后用我们自己的方式反对独立行动，甚至不惜使用武力手段。”

尽管亚当斯被迪金森“霸道”的语气所激怒，但他仍然非常平静地说：“原因就是为了团结和睦，任何事情都可以协商调和，威胁对我来说毫无用处。”

后来，在一封私人信件中，亚当斯把迪金森描绘成一个“微不足道的天才”，让谨慎“蒙上愚蠢的外套”，以此来发泄自己的“怒火”。这封信被英国的情报人员截住后，多家亲英派的报纸纷纷予以发表和转载。迪金森看到报道后，对亚当斯更是恨之入骨，从此便拒绝与他说话。

亚当斯曾回忆说：有一天上午，我和迪金森在上班的路上不期而遇，擦肩而过，我们两个人的距离“近得足以听到对方的呼吸声”。迪金森从我身边经过时，动都没动一下自己的帽子、脑袋和手。当我鞠躬，并摘下了帽子向他问候时，迪金森高昂着头非常傲慢地从我身边走过……”从此，我们两个人的关系急剧恶化，真的视同陌路了。

亚当斯写下这样一段话，刻画了他内心对道德的追求：“在剧院舞台上，事实上，观众的掌声远比演员对自己的肯定重要。但在人生的舞台上，只要自己的良心鼓掌了，哪怕整个世界都喝倒彩也无所谓。”他的意思是说，如果自己的良心不安，即使整个世界把最响亮的掌声都给了你，也是毫无价值的。

在社交场合，面对他人的强势，如果对方的话语没有触及自己的底线，倒是可以不与对方计较，但若触及自己的道德底线，那就不能软弱了。因为，做违背自己良知的事，说违背良心的话，会让你后悔一辈子。

反客为主，林肯把弱势转化为优势

林肯的成功竞选演讲，给我们的一个重要启示，那就是善于运用说话技巧会为我们的谈判与说服增加重要砝码。但在运用说话技巧的同时，千万不能被“技巧”所挟持，让它牵着鼻子走，最终导致弄巧成拙。

相貌不佳，出身卑微的林肯，在竞选美国总统期间，经常被竞争对手道格拉斯作为攻击他的着力点。拥有优越条件的道格拉斯甚至充满“自信”地宣称：总统竞选非他莫属，打败林肯手拿把攥。

到各地进行竞选演说时，道格拉斯的作派贵族气十足：他每到一个地方，都要鸣礼炮28响。与道格拉斯相比，林肯显得十分寒酸，他经常乘坐一辆破旧的马车到处发表竞选演说。

在一次的同台竞选演说中，道格拉斯像往常一样对林肯丑陋的相貌、卑微的出身进行一番血雨腥风般的讽刺与贬抑。林肯面对台下的选民，冷静地说道：“的确，正如道格拉斯先生说的那样，我长相丑陋，不如他那般英俊；我生活清贫，出身卑微不如他出身名门，富得流油，锦衣玉食，像一个十足的英国绅士……在这里我想说的是，从小就过惯了衣来伸手饭来张口生活的道格拉斯先生，什么叫人世间的疾苦，也许他一无所知；他衣食无忧，对于人民的生活的艰辛，他又能了解多少？他高高在上，对于我们这些下层人民之间那种至纯至真的感情，他未必有过切身的感受。我相貌的确丑陋，生活的确贫穷，也确实只是一个再普通不过的美国公民，但是我的优势所在恰恰就体现在这儿。很难想象一个不了解人民生活疾苦的人，能够成为总统，并且还要引领美国人民过上富裕幸福的生活。”

后来大选揭晓后，林肯以压倒性的票数当选为美国总统，彻底击败了傲慢的道格拉斯。

在这个故事中，林肯在竞选演说中采用了“反客为主”的方式，恰到好处地把自己的“弱势转化为优势”。这种“反客为主”的演说方式与对比的方法从表面上看颇有几分神似，但却有实质上的不同，就像一对双胞胎，除了长相相似之外，其他的各个方面却可能大为不同。

“反客为主”与“对比”的演说方法，尽管都是以事实作为材料，并且各自的“事实”也都是一正一反，但在运用的技巧上，还是有所不同的。

“对比”演说法，双方都站在同一起跑线上，没有主次、高低、贵贱差别，而“反客为主”一般在开始的时候，双方就有了一主一客的位置失衡。“反客为主”是以“客体”反衬“主体”，使“主体”更加鲜明、凸显。

林肯以自己的“生活简朴、洞悉民情民意”为主体，以道格拉斯的“衣食无忧、不了解人民生活疾苦”为客体，运用事实加以反衬，使自己的“生活简朴、洞悉民情民意”这一事实，凸显在国民的眼前。

除此之外，在上述故事中，还有一个显著的特点值得注意，就是林肯除了运用“反客为主”的演说方法，用事实加以反衬之外，自己的实际“行动”也为他的竞选成功增分不少。

林肯的这个“行动”就是到各地去演说时没有像道格拉斯那样搞出惊天动地的气势来，而是平实低调地乘坐一辆破旧的马车。如此一来，“行动”加“话语”，论辩的说服力就大为增强了。

林肯的成功竞选演讲，给我们的一个重要的启示，那就是善于运用说话技巧会为我们的谈判与说服增加重要砝码。但在运用说话技巧的同时，千万不能被“技巧”所挟持，让它牵着鼻子走，最终导致弄巧成拙。

我们运用说话技巧的目的就是为了让说话、演说、辩论更具魅力，从而达到预定的目的。所以，运用技巧一定要为“主旨”服务。

在演说中，林肯在运用说话技巧的同时，始终引导着选民的思路，并逐步将他们的思路引向“自己深知下层人民的疾苦”的演说主题，其真正的用意，是为自己可以领导国家和人民走向强盛、富裕的道路做辅垫。

尼克松以诚待人，俘获人心

为自己开脱“罪责”的演说，是尺度和分寸最不好把握的。因为，误解既然已经发生，要想消除它的唯一办法，就是拿出事实、找出证据。正如法庭上的被告为自己做辩护一样，境遇是十分尴尬的。若证据稍有不足，就会落个“吃力不讨好”的结局。

在与人辩论中，你的脸有时会冷不防被对方涂上一抹油彩，这时，千万不要立即用纸巾去擦，因为那一抹油彩会越擦越黑，直至你的脸都布满油彩。为防止这种情况的发生，最好的办法，就是用洗涤剂去清洗，而且在清洗的过程中一定要有耐心。当然，这里所说的“洗涤剂”绝非生活用品，而是“实话实说”的说话技巧。

1952年，在艾森豪威尔竞选美国总统的前夕，作为艾森豪威尔竞选班子重要成员的尼克松，被人检举揭发在竞选运作的过程中有违规行为，并开门见山地说：“加利福尼亚的一些富商资助艾森豪威尔竞选总统的钱，被尼克松纳入到参议员的收入账户中了。”

尼克松立即反驳说：“那笔钱我确实收到过，但都用来支付政治活动开支了，自己绝没有贪占一分钱。”

在决定参加美国总统竞选前，艾森豪威尔就要求他的竞选班子必须“像猎狗的牙齿一样清白”。当他知道有人举报尼克松贪污钱款后，非常气愤，准备坚决地把他从候选人名单中剔除。

面对来自方方面面的误解和压力，尼克松只好通过发表电视讲话，对这些捐款的去向向全国国民做了详细的解释，以此来为自己的清白作辩护。

在演讲中，尼克松声情并茂，注入强劲的感情因素，首先对自己的出身如何低微，如何凭借自己的勤奋工作，才得以逐步上升的，做了精彩的演说，让观众和听众深受感染，并引发强烈的心里共鸣。说着说着，他突然话题一转，并看似有意无意地顺便提及了一件有趣的往事。

尼克松说："我被提名为候选人不久，的确收到过有人送来的一件礼物，那是在我动身前去参加竞选活动的当天，邮递员送到我家一个包裹。我很想知道里面是什么东西，就马上拆开包裹，你们猜包裹里是什么东西？"

说到这里，尼克松故意止住话头，以此来吊起听众和观众的好奇心理。

停顿了半分钟后，尼克松接着说："打开包裹一看，里面装着一个大箱子，箱子里面装着一条憨态可掬的西班牙长耳朵小狗，它全身长着黑白相间的斑点，十分可爱。我六岁的女儿看到它后，特别喜欢，于是还给它起了一个别致的名字，叫'棋盘'。我们都知道，小孩都是喜欢小动物的。因此，无论别人怎样议论，我仍然打算把小狗留在我的家中……"

对于来自各个方面的指责与误解，尼克松也曾为此黯然神伤过，并且，还沮丧地认为在这次竞选中大势已去了。然而让他没有料到的是，在发表电视演说后的当天晚上，共和党全国总部就接二连三地收到许多对他表示赞赏的电报。就这样，尼克松因自己的出色演说，最终没被从候选人的名单上划去。

由此可见，为自己开脱"罪责"的演说，是尺度和分寸最不好把握的。因为，误解既然已经发生，要想消除它的唯一办法，就是拿出事实、找出证据。正如法庭上的被告为自己做辩护一样，境遇是十分尴尬的。若证据稍有不足，就会落个"吃力不讨好"的结局。

尼克松面对着这个可能"吃力不讨好"的结局，发表了动之以情、晓之以理的演说，最终取得了成功。在一般人看来，尼克松用了一个"吃力不讨好"的演说，就冰释了听众心中的疑虑和困惑，并把自己留在了候选人的名单中，肯定是运用了什么让人叹为观止的说话技巧，但事实上，他几乎没有运用什么技巧。

那么，尼克松究竟是怎样获得成功的呢？实际上，他的这次演说实属无奈之举。在演说中，他坦诚地剖析自己，将自己的过去全部公之于众，坦然地接受全体国民的“验视”。当然，尼克松“抖落”自己的往事，也并不是毫无章法地和盘托出，而是把自己的“奋斗”和“上进”作为重点展现出来。因为，美国是一个移民国家，特别崇尚个人奋斗精神。而那些从社会底层通过自己的努力，奋斗出来的杰出人物，最受国民的敬仰。因此，尼克松的“自我剖析”，很快获得听众的共鸣。疑虑和误解一点点地得以消除；心与心的距离，一步步地得以拉近。见“火候”已到，尼克松自然而然地话题一转，以充满悬念的方式，抛出了一个与“贿赂”的主题有关的小故事。待故事的悬念解开后，人们才恍然大悟，原来“受贿”的是一条宠物狗。

一条很普通的宠物狗值不了几个钱，这根本算不上受贿。并且，尼克松所叙述的小故事中，主人公是宠物狗和小女儿，都是生活中美好和情趣的象征，引发了听众的美好遐想，使气氛变得轻松而诙谐。

在这场很难把握分寸的艰难演说中，尼克松实话实说，以诚服人，终于获得大家的谅解和赞赏，从而把自己的名字留在了候选人的名单上。

坦诚相告，林肯拉近听者距离

林肯以平实的语言，不仅表达了对民众的尊重，还进一步增强了民众与自己的深厚情感。这种暗示的说话方式比直接表达的方式更深沉、更感人，更让人难以忘怀。

我们知道，林肯出生于一个普通家庭。有一次在竞选总统的演说中，一位腰缠万贯的政治对手，对他的出身进行猛烈的讽刺与攻击，竟当着众人的面问他“有多少资产”。

林肯不动声色地对这位政治对手进行了回击，他说：“我有多少财产，在这里，可以明确地告诉大家，我有一位妻子和一个儿子，他们都是无价之宝。此外，我还租了一间办公室，室内有一张桌子，三把椅子，墙角还有一个大书架，架上的书值得每个人去读。我个子很高，但是很瘦，不会发福。实在想不出来，我还有什么可以依靠的？所以，唯一可以让我依靠的就是你们（选民）。”

面对政敌的责难，林肯对“有多少资产”的答复可谓是语意双关，合情合理。他向大家列出的财产清单不是大把的美元、金银珠宝奢侈品，也不是装饰豪华的大宅别墅，而是妻子、儿子、简单的家具摆设，以及选民等。

在常人看来，林肯的“财产”，应该是微不足道的，根本算不上是财产，但他却认为是无价之宝，价值连城。

价格与价值是经济学中两个不同的范畴和概念。对手提出的财产概念，是用价格来计算的。而林肯提出的财产，是无法用价格来计算的，最多也只能计算其价值，它是一种人类相互依赖的感情，既是无价之宝，也是人类共通的属性。

在给对手回击的答复中，林肯改变了财产概念的内涵，既巧妙地回击了对手的诘问，又对人文主义理念进行了宣扬。特别是最后一句“唯一可依靠的就是你们”，言下之意是在暗示听众：“你们是我唯一的依靠，我们之间是鱼与水一样的亲密关系。”让听众们听了以后，切身感受到自己的重要性，进一步拉近了与他之间的距离。

林肯以平实的语言，不仅表达了对民众的尊重，还进一步增强了民众与自己的深厚情感。这种暗示的说话方式比直接表达的方式更深沉、更感人，更让人难以忘怀。因此，在心理学上被称之为“自己人效应”，即对方一旦将你当作自己人，心灵之间的距离就会拉近，从而放弃敌意，产生好感。

将心比心，柯立芝站在对方的角度说话

在遇到陌生人的诉苦时，最好运用说话技巧，借用例证，动之以情，既能安慰对方，又能与对方保持一定的距离。

一天上午，柯立芝总统在办公室正专心地看文件，忽然间他的一位女粉丝闯了进来，在对他昨天的演讲表示祝贺后，说："那天的演讲大厅里的人实在是太多了，我找了半天也没有找到座位，只好站了几个小时听完你的全部演讲。"

这位女粉丝在说这段话时，采用了略带委屈的口气，显然想借此从柯立芝这里得到几句安慰的话。

柯立芝等这位女粉丝一说完，满面笑意地对她说："夫人，受累的并不仅仅是你一个人，那天我也是一直站着演讲的。"

面对自己的崇拜者，柯立芝没有表现得非常激动，或者飘飘然，而是十分冷静。针对崇拜者的诉苦，柯立芝说了一句富有真情的话，便使对方感到了很大的安慰，又不会让她感觉总统和自己关系很亲密。

在对话的过程中，柯立芝没有很直白地说"我也很累"那样的话，而是对"粉丝"的诉苦予以承认，尔后，巧妙地借用过来，据此增设了自己的新例证："受累的并不仅仅是你一个人，那天我也是一直站着演讲的"从而得出"我也累"，咱们都累的结论，使"粉丝"的"埋怨"化为乌有。

反过来想一下，如果柯立芝对"粉丝"的埋怨不予理会，可能会招致更

大的抱怨，影响自己的形象。如果对“粉丝”的埋怨加以呵斥，那么，情景可能会很糟。

在这个时候，唯一的选择，就是运用说话技巧，借用例证，动之以情，既能安慰对方，又能与对方保持一定的距离。

林肯以情感人巧助人

从表面上看，也许“以情感人”算不上技巧，其实，它却是一种高难度的技巧。它要求说话的人在知识、阅历、观察、语言表达等方面，都要具有一定的功力才行。

林肯担任总统之前，曾是一位出色的律师，因在辩护中说理充分，例证丰富，逻辑性强，善于捕捉听众心理而声名斐然。有一天，一位在独立战争时期失去丈夫的老妇人来找他，哭诉自己被欺侮的事。这位老妇人是美国独立战争时一位烈士的遗孀。作为烈士的遗孀，她每月可以领取一定数量的抚恤金来维持风烛残年的生活。

但在上个月，这个老妇人去领取抚恤金时，出纳员竟要她先缴一笔手续费，否则不准她领钱，而这笔手续费却等于抚恤金的一半。抚恤金本来就不多，还要扣去一半，她根本就无法维持生活。

素有修养的林肯听完老妇人的哭诉怒不可遏，答应帮她一定打赢这个没有凭据的官司。

法庭开庭后，原告申诉之后，坐在被告席上的那个出纳员果然矢口否认。这时，林肯缓缓站起来，首先以真挚的感情述说独立战争前，美国人民所受的深重苦难，述说爱国志士如何揭竿而起，怎样忍饥挨冻地在冰天雪地里战斗，洒尽最后一滴血。讲到这里，突然间他的情绪激动起来，言语像一把把匕首，直刺那个企图勒索烈士遗孀的出纳员。

他说：“现在，1776年的英雄早已长眠于地下，可是，他那衰老而可怜的遗孀，正站在我们面前，要求我们代她申诉。不消说，这位老妇人从前也是位美丽的少女，曾经有过幸福愉快的家庭生活，不过她已牺牲了一切，变得贫穷无依，不得不向享受着革命先烈争取来的自由的我们请求援助和保护。请问，我们能熟视无睹吗？！”

法庭上的旁听者都泪流满面，十分同情老妇人，有的人竟捶胸顿足，扑过去要撕扯出纳员；有的人当场慷慨解囊，要帮助老妇人。由于林肯的一席话，法庭通过了保护烈士遗孀不受勒索的判决。

林肯面对证据缺乏、被告的当场否认，以真挚的感情发表了一席演说，感动了现场的旁听者，“煽情”到让他们达到了失态的地步。由此可见，能够在说话中以情动人是具有何等的感染力。实际上，这也是最重要、最巧妙的说话技巧。

要做到“以情动人”，必须具备以下两个条件：

第一，你所倾诉的是“真情”，决不能是“矫情”，换言之，就是不能矫揉造作，为“情”而造“情”。如果那样的话，这个“情”即使“造”得让人泪流满面、泣不成声，即使让人听着或看上去都显得非常逼真，但仍然不能让人发自内心地感动。正如人造塑料花一样，尽管做得几乎可以乱真，却依然不能使人感动。因为这些花没有沁人肺腑、自然散发的香气，更没有鲜活的生命力。

第二，不能是“伪情”而应是“真情”。有的人为了达到自己的目的，想要“攻心为上”、“以情动人”，却苦于没有真情，只好刻意制造“情事”，虚构一些有关的涉及“情”的细节。

但是，由于这些细节毕竟是虚构出来的，没有真实的生活基础，终究会因没有生命力，而被听众轻易识破。当听众觉察到自己被欺骗时，反而会由此产生一种抗拒和抵制的心理。

并不是说上述两点都做到了，你说的话就能够真挚动人，催人泪下了，还必须精挑细选出生动、感人的细节，因为只有细节才具有感动人心的力量。

那么如何挑选生动、感人的细节呢?

第一，这些细节必须能够为主题服务，切不可离题万里，或拖泥带水，从而弱化了话语的感染力。

第二，这些细节必须来源于生活，而且还必须是在生活中真实地发生过的。

第三，这些细节必须让你为之感动过。如果连你都感动不了，你把它说出来，怎么可能去感动听众呢?

从表面上看，也许“以情感人”算不上技巧，但实际上，它却是一种高难度的技巧。它要求说话的人在知识、阅历、观察、语言表达等方面，都要具有一定的功力才行。

诉之真情，才能产生共鸣

真诚的语言最能感动人，也最能赢得他人的认可。

美国最伟大的总统之一林肯，出身在一个鞋匠家庭，而那时的美国社会，有着极强的门第观念。林肯参加总统竞选前夕，一次在参议院发表演讲时，遭到了一个参议员的奚落。

当时那名参议员说："林肯先生，在你开始发表演讲之前，我希望你记住，你仅仅是一个鞋匠的儿子。"那名参议员的目的很明确，就是希望以此来打击林肯的自尊心，好让他退出总统竞选的行列。

听到如此无理的话，一些人哄笑，一些人沉默，都在看着林肯，看他会如何来回击这个无理的议员。

此时，林肯既没气也没怒，而是稍微怔了一下，然后用平静沉稳的语调对这位参议员说："首先，非常感谢此时此刻你让我想起了我的父亲，他离世多年了。我一辈子不会忘记你对我的忠告，我永远是鞋匠的儿子，同时我希望，我做总统能像我父亲做鞋匠那么出色。"

这时，会场里一片沉默。

林肯继续说："议员先生，如果我没说错的话，我的父亲生前也曾为你和你的家人做过鞋子。假如那些鞋子不合脚的话，我可以帮你校正一下。但我的技术远没有我父亲那么娴熟，他的手艺我至今还没有发现有人能超越他。"

说到这里，林肯不禁流下了眼泪，顿时，台下掌声雷动，经久不息。

一个人能选择自己成长的道路，但绝不能选择自己的出身。这是人所共知的，可是就有人喜欢拿别人的出身做文章……这从道德的角度来说，这种人是应该遭到唾弃的，但这样的人却始终存在。

人与人之间的差别不在于职业的贵贱、社会地位的尊卑，而在于能否尽心尽力地做事，能否俯下身子为他人服务。

对方以出身不好加以责难，一般人可能会暴跳如雷，怒不可遏，以其人之道还治其人之身，可林肯却能以真情实感打动对方，发自肺腑地表达对父亲的钦佩之情，以对父亲的肯定，来赢得他人的认同。同时，他用平和的口吻，表明了自己的志向——努力做一个出色的总统，这使得听众不得不肃然起敬。

就算只是一个小小的鞋匠，只要付出努力，同样也会拥有高超的技艺，进而赢得别人的尊敬。同样，作为鞋匠的儿子，只要认真去做，也能成为一个出色的总统，赢得国民的尊敬与爱戴。

在演讲中，林肯借助父子情深，表达了人人平等的理念。在有些议员的眼里，鞋匠的社会地位是卑微的，与豪门贵族不能相提并论。但林肯始终没有在这些高傲的议员面前感到自卑，反而以有这样一位鞋匠的父亲而引以为豪。因为父亲的手艺精湛，是一位出类拔萃的鞋匠。

林肯的演讲不仅感动了议员，还使他们深刻体会到了他们父子之间深挚的感情，同时还进一步表达了人人平等的理念。他的演讲声情并茂，含意隽永，掷地有声地回击了那个自以为是的议员的轻蔑之语。

面对出身高贵的“参众两院的议员们”，面对当面讥讽与嘲弄，林肯没有自卑，更没有息声宁人，而是用诉之以情的演讲，不仅让使那些骄横和傲慢的议员们为自己的不当行为感到惭愧，还使他们感动得“一阵沉默”。从他们的神态变化，足以见得林肯的口才的魅力。

在林肯开始演讲之前，参议员是哄笑，但听了他的演讲之后，就被深深地感动了，神态也开始发生了变化，内心开始忏悔，于是，倨傲的心理开始倾斜。在林肯演讲结束后，他们的神态便产生了颠覆性的变化，完全被林肯感情真挚的演说所折服，都不由自主地报以热烈的掌声。

林肯运用以情感人这一说话技巧后，使听众的思路不再纠缠在“鞋匠的儿子”上，而是被引到了“技艺高超、乐于助人”等良好的品性方面，从而很好地规避了对方设置的“出身低贱，社会地位卑下”这一预设选项，而因林肯父亲的高尚的人格大受感动。

以情动人不能拘泥于一事一物，万物皆可为我所用、所借。在辩论演讲中，借助情感，打动人心，是很多能言善辩者取得成功的不二法门。

用情之所以能打动人心，是因为在人类的丰富情感中，每个人都会感受到诸如父子之情、母子之情、夫妻之情、兄弟姊妹之情，并一直被这种种情感所包围、浸润。所以，只要诉之于真情，就能拨动对方的情感之弦，奏出和谐共鸣的音节。

华盛顿以诚感父

诚实是做人的宝贵品质，也是说话的重要原则。

美国开国总统华盛顿小的时候，是个非常诚实的孩子。有一次，父亲送给他一把小斧头。那小斧头崭新锃亮、小巧而又锋利，令他爱不释手。于是，拿着小斧头在木头上学着父亲的样子试了又试。

父亲看到儿子高兴的样子，就让他把院子里的杂树砍了，正好也清理一下院子，并再三叮嘱他不要伤着自己。

父亲上班走后，小华盛顿挥动小斧头，三下五除二，没用多时间就把杂树砍了个精光。砍完这些杂树后，他玩兴未尽，于是又四处寻找另外的砍伐对象。忽然间他看到了父亲精心侍弄的樱桃树枝繁叶茂，正在微风中轻轻晃动着枝叶。望着樱桃树，爱动脑筋的他脑子里闪出一个大问号：这几棵樱桃树为什么长得这么好？

小华盛顿皱着眉头来回打量了一番，自语道："这树干里面说不定有什么宝贝呢？砍开看一看。"于是，他举起小斧头，"喀嚓"一声，樱桃树的树干应声斩腰，但是里面什么"宝贝"也没有，心想，这下可糟了，"宝贝"没找到，树也砍断了，父亲回来后一定会找他算账的，看样一顿皮肉之苦在所难免，他害怕起来。

父亲回来了，像往常一样，先去看他的樱桃树。听到父亲的脚步声，华盛顿紧张得冒出一身冷汗。果然，大祸临头，父亲捡起被砍断的樱桃树怒吼道：“这是谁干的？谁干的？真是太坏了，我要砍断他的手！”

听到父亲在怒吼，家里人纷纷跑了出来，表示不是自己砍的……

这时，小华盛顿想起老师“不要怕承认错误，要做一个诚实的人”的教导，心想树明明是自己砍的，何必连累别人呢？想到这里，他快步来到父亲的面前，说：“爸爸，是我砍倒了你的樱桃树……”

父亲正要打他，华盛顿睁大眼睛望着他说：“爸爸，我告诉你的是事实，绝没有假话！”

听着儿子的申诉，父亲的怒容消失了，他和蔼亲切地拉过华盛顿说：“我的好儿子，爸爸宁愿损失一千棵樱桃树，也不愿你说一句谎话。”

诚实是做人的宝贵品质，也是说话的重要原则。由于对说话品质的重视，华盛顿曾摘编了一套道德准则，整套准则彰显了华盛顿超强的自制力，并在生活和工作中有意识地用这些准则来要求自己，控制那些匪夷所思的性情冲动。

事实胜于雄辩

事实是最有力的证据，事实胜于雄辩，所以，在说话、谈判、演讲中，只要能够拿出事实依据，就会让反驳方永远闭嘴。

杰斐逊当选美国总统后，仍保持着低调务实的生活和工作习惯，时时把自己看作是一名普通国民。热爱运动的他经常独自骑马到郊区去风驰电掣一番，在满足自己爱好的同时，又能深入民间，了解到一些民情民意，以便更好地开展工作。

在周末的一天，杰斐逊又照例到郊外去骑马，当他来到一个十字路口时，碰到一位知名的赛马骑师，这位骑师还是个做马匹买卖的生意人。此人见骑着马的杰斐逊衣着普通，以为是同行，便与他聊了起来。说着说着，两人就开始谈论起政治来。这位骑师是一个联邦制的坚定拥护者，开始大肆攻击杰斐逊以及他的政府的政策，说他生活奢侈，整日过着花天酒地的生活。

两人天南海北地聊着聊着，不知不觉间骑马进入了市区，沿着宾夕法尼亚大道往前走。最后，他们来到总统官邸大门口。

在门口，卫兵赶忙向杰斐逊敬礼，并接过马的缰绳说："总统先生！"

这位骑师一下子惊得目瞪口呆，然后脸色变得煞白，用马刺猛踢一下自己的马，便迅即冲上了大路，而此时杰斐逊总统则微笑地看着他，然后策马走进了大门。

按常理来讲，杰斐逊本可以明确地告诉对方自己的真实身份，避免被人进行言语上的攻击。而在这个故事里，杰斐逊却暂时隐瞒了自己的身份，将对方带到事实现场，用事实佐证一切。

假如杰斐逊在这位骑师面前表明了自己的总统身份，同时，对他的言语攻击加以驳斥，那么，他一定不会相信，当然，驳斥也就不会达到预期的作用。

这时，如果希望驳倒流言诽谤，最好的办法就是让事实说话，而此刻的杰斐逊，是拿不出凭据的，于是，把这个这位骑师带到事实现场，就是顺理成章的事了。

事实胜于雄辩，在事实面前，生意人对杰斐逊的看法自然会彻底改变。

由此可见，在说话过程中，要以事实作为例证，从而达到驳倒对方的观点的目的。事实是最有力的证据，事实胜于雄辩，所以，在说话、谈判、演讲中，只要能够拿出事实依据，就会让反驳方永远闭嘴。

第六章

说话宜曲不宜直

危急关头，罗斯福转换话题而言他

对于不能直接答复对方的话，最好采用转换话题的技巧，通过回答自己假设的问话，来给出自己的见解。

富兰克林·罗斯福在就任美国总统期间，有一天，他的一位朋友到家里来拜访他。罗斯福的小女儿艾丽丝看到家里来了客人，很兴奋，不时跑到父亲的身边问这问那，使他们的谈话进行得断断续续。

于是，朋友抱怨道："总统先生，难道你连女儿都管不了吗？"

罗斯福耸耸肩一脸无奈地说："对不起，我的朋友，我只能在两件事情中做好一件事。那就是要么当好合众国的总统，要么管好我的女儿艾丽丝。既然我已经选择了前者，对后者也就无能为力了。"

通过上述故事，不难看出，罗斯福是十分喜爱自己的女儿的，是一位慈父。他若是一位严厉的父亲，对小女儿艾丽丝的顽皮，肯定会加以制止，甚至是厉声喝斥或打骂。但是，他却并没那么做，而认为顽皮是孩子的天性，作为大人，对此进行粗暴地干涉完全没有必要。

然而，罗斯福在客人面前，并没有将自己的真实想法直接抖落出来，而是将这个严肃的话题进行了巧妙的转换，即把管教小女儿的事与国事相提并论，二者只能选择一个，结论不言自明，当然是国事要放在第一位了。

那么，罗斯福是如何恰到好处地避重就轻、转换话题的呢？他巧妙地假设了一个前提，并给出了两个选项，使这一切变得合情合理，既没让对方下不来台，也没让自己感到尴尬，让原本严肃的话题，显得轻松、幽默了，客人也因此能够接受，从而恰到好处地实现了自己的说话目的。

社交场合，对于不能直接答复对方的话，最好采用转换话题的技巧，通过回答自己假设的问话，来表达自己的见解。

正话反说，柯立芝以灵制胜

正话反说是幽默的一种，是一种很高的说话技巧，要求说话者必须具备较高的智慧，以及敏捷的思维。

铺垫，原本是文艺创作中的一种手法，即是在一个人物出场前或者一个事件发生前，预先布置局势，安排一些情节场景作为征兆，制造气氛。如果将这种方法运用到说话中，可以进一步丰富和提高自己的说话技巧。

美国总统柯立芝即将卸任之际，发表声明说："今后不再打算干这个行当了。"

此言一出，马上引起视角敏锐的记者们的高度关注，感觉他话里有话，都想一探究竟。因此，只要有机会提问，记者们就会向柯立芝抛出这个话题，进行追问。

柯立芝不堪其扰，无奈之下把一位记者拉到一边，说："我不想再做总统了，因为当上了总统就意味着失去了提升的机会。"

很多再任的总统在任期即将结束时，都会想方设法谋求连任。而柯立芝却偏偏特立独行，不但说不想连任，还把总统这个高高在上的职务贬为"行当"！要知道，"行当"是常人对普通工作的称呼，将它与"总统"的职位相提并论或许只有柯立芝一人。这自然引起了记者的极大兴趣，都希望得知缘由。

其实，柯立芝贬低总统这个职业的真正用意，乃是一种说话技巧——铺垫。他贬低总统这一职业，是为“当上总统就意味着失去了提升的机会”作铺垫，这样一说自然引发记者的关注，为自己谋求连任作了很好的铺垫，取得了水到渠成的效果。

实际上，稍有生活经验的人都知道：总统在一个国家中，拥有至高无上的地位和权力，位置已至宝塔尖了！柯立芝绝对不会不知道这个常识的道理，这只是他的一个说话策略而已。

不难看出，柯立芝在运用“铺垫”的同时又运用了“正话反说”的技巧，不仅回答了记者的提问，还摆脱了他们的纠缠，又获得了幽默的效果，使听者愉快，也使现场气氛变得轻松、欢愉。

正话反说是幽默的一种，是一种很高的说话技巧，要求说话者必须具备较高的智慧，以及敏捷的思维。正话反说表面上看显得很“拙”，甚至显得很“愚蠢”，但“大巧若拙”。说话者的大智大慧，往往隐藏在表面上的这种“拙”里，但听者并不以为拙，反而感受到一种幽默的乐趣，感受到一种智慧的力量。

借别人之口，华盛顿曲折表达不满

无论是生活中的提醒，还是辩论中的反驳，借用他人的观点来表达自己的意思，有时比直接用自己的话来表达更有说服力。

常言道：山中无直树，世上要直人。可是，说话要是像胡同里运竹竿——直来直去的话，很多本该能成的事，或许因此而变成“竹篮打水一场空”。说话是一种艺术，根据不同的情况选择合理的说话方式，是卓越人士的一致选择。

有一次，华盛顿邀请很多客人参加他在家里举办的宴会。宴会宣布开始后，一位议员因事迟到了。当他匆匆赶到宴会厅时，发现所有的人都已经坐在餐桌旁开始就餐了。

“我们这里的人必须准时出席，”华盛顿对他解释说，“我的厨师从来不问客人到齐了没有，只问时间到了没有。”

多年的军旅生涯，使华盛顿养成了“遵纪守时”的好习惯。宴会开始后，当他发现有一位议员迟迟未到会场时，心里便顿生反感，但是，他没把这种反感当众直接表现出来，而是借“厨师不问客人到齐了没有，只问时间到了没有”来婉转地表达了自己的观点。

华盛顿这种曲折表达的说话技巧，从表面上看，虽然有曲折表达之意，但仍属于画龙点睛，因为他还是毫无隐藏地表达了对迟到行为的批评态度，只不过是借厨师之口，道出自己对对方的不满。实际上所谓的厨师原则，其实就是华盛顿的原则，让这位议员明白，以后无论做什么事，一定要准时，不能因为自己的迟到，而耽误别人的时间。

用他人的观点迂回表达自己的真实想法，是一种介于委婉和直接之间的表达方式。在我们的工作和生活中，无论是生活中的提醒，还是辩论中的反驳，借用他人的观点来表达自己的意思，有时比直接用自己的话来表达更有说服力。

不好回答的问题，就把球踢给别人

在与人交流时，对一些既不能爽快答应，又不能拒绝的问题，最好用迂回的语言技巧答复对方，把对方踢给自己的球，再踢给对方，让对方无话可说。

2003年11月10日，美国前总统克林顿一行对我国四川成都进行友好访问。在参观剑南春企业时，有记者问道：“早在1500年前的盛唐时期，中国曾是世界上最强大的国家，剑南春酒已被当时的中国朝政钦誉为宫廷御酒。现在，美国是世界上最强大的国家之一，剑南春酒作为中国盛世文化的代言符号，我有一个梦想，就是希望有一天在白宫宴会上能出现它的身影。请问克林顿先生，我们需要付出怎样的努力，才能最终实现这个梦想呢？”

克林顿敏捷地眨了一下眼睛，然后回答说：“在这里我想对你说的是，我和小布什总统是两种性格不同的人，至于在白宫的宴会上应该选择什么酒，他可能不会愿意让我告诉你。不过，我可以给你两个建议：第一，如果你们的大使馆每次在选择用酒的时候都是剑南春，那么在白宫宴会上也有可能出现剑南春；第二，如果我们民主党再重新执政的话，在白宫的宴会上也会考虑选择剑南春。”

四川是“剑南春”酒的产地，卸任后的美国总统到那儿去访问，人们都希望克林顿能够运用他的政治影响力和名望，使“剑南春”酒能够出现在“白宫的宴会上”。

其实，四川人的这一愿望是无可非议的。但是，作为卸任的美国总统，是没有权力使这一愿望得以实现的。在众人的注视之下，面对四川人那一张张充满期盼的脸孔，克林顿既不能拒绝，也不能轻易承诺。

面临两难的境遇，克林顿巧妙地把问题抛给了现任总统小布什，他不仅承认了四川人对于“剑南春”酒的高度评价，也承认了“剑南春”酒适合摆在白宫的宴会上，但这需要现任总统来定夺。

在这一点上，克林顿当然不会直截了当地做出承诺，他只能向大家做出暗示：小布什可能不会同意。但不会同意的原因并不是“剑南春”酒的质量不高档，而是“我和布什总统是两种性格不同的人”，正因为性格使然，“至于在白宫的宴会上应该选择什么酒，他可能不会愿意让我告诉你。”

克林顿很机智又很巧妙地把“球”踢给了时任总统小布什，但又没说小布什可能会认为“剑南春”酒质量不够高档之类的话，只是把这一切归咎于小布什的性格上。在这里，克林顿可谓是把承认事实、避重就轻的口才技巧运用到了极致。

对克林顿给出的两条建议，四川人心里也清楚得以实现的可能性微乎其微，但因克林顿的巧妙做答，使他们听起来很舒服，既不会感到反感，也没有觉得难堪。

在与人交流时，对一些既不能爽快答应，又不能拒绝的问题，最好用迂回的语言技巧答复对方，把对方踢给自己的球，再踢给对方，让对方无话可说。

急中生智，尼克松顾左右而言他

尼克松用轻松的话语，抓住了枝枝节节、无关紧要的因素，这不光给了贝蒂一架很好的“梯子”，还使贝蒂不会因被拒绝回答而恼火，也能从从容容地“走下台阶”。

在平时的人际来往中，我们难免会遇到故意刁难式的发问，或者是一些根本就难以预测的发问。在这种非常场合下，如果我们一时语塞，就会让局面陷于尴尬。

那是在1973年10月12日的晚上，一场精心安排的电视转播典礼，在美国白宫东厅如期举行。由于原来的美国副总统斯波罗·阿格纽被指责受贿不得不辞职，而根据美国宪法规定，应由当时的尼克松总统提名美国国会议员杰拉尔德·福特来担任美国副总统的职位。

随后，在香槟酒会上，尼克松一边挽着拉尔德·福特之妻贝蒂的腰，一边举杯庆祝：“我们全干了吧！”

贝蒂却说：“总统先生，我不知道您是在贺喜还是在志哀。”

尼克松急中生智，说道：“哦，哦！至少薪水更高些！”

其实，我们从贝蒂的问话中，自然可以读出她是对丈夫的前途忧心忡忡，因为，她根本不可能知道丈夫此次接替副总统之职，究竟是福还是祸。而对于她的这个问题，尼克松不能做出明确的回答。因此，既不说“志哀”，也不说“贺喜。”

很显然，尼克松是在“答非所问”，并未落入危险话题的“陷阱”里，既有效回避了贝蒂的话锋，也巧妙避免了实质性的回答。

最关键的是，尼克松用轻松的话语，抓住了枝枝节节、无关紧要的因素，这不光给了贝蒂一架很好的“梯子”，还使贝蒂不会因被拒绝回答而恼火，也能从从容容地“走下台阶”。

不过，我们在人际交往时必须注意一点，在做出机敏的应答时，一定要思维敏捷、神态自若、充满自信、毫无造作之感，也只有这样，才会让应答变得更有说服力和感染力。

尤其是在尔虞我诈的职场上，其实也不乏非常场合。对此，我们需要机敏地施展两大斗转星移之法：

第一，犹抱琵琶半遮面。见对方说南，你就马上说北；见对方说事，你就赶紧说人；见对方说职场，你就立即谈家常，故意装作根本领会不了对方的谈话目的，呈现出一幅“犹抱琵琶半遮面”的样子，给对方来一个“云山雾罩”。

第二，醉翁之意不在酒。在和对方交谈过程中，故意把自己的视线聚焦于对方的穿着和打扮上，有意去赞美对方的青春靓丽，向对方讨教护肤心得，还可表扬对方富有气质等；或者在和对方交谈时，故意将自己的目光转向窗外，评论一下天气或外面的景物等。

总之一句话，举兵作战，讲的是出奇制胜，而在非常场景下，要的则是机敏应答。

里根主动担责，为对方摆脱尴尬

碰到尴尬局面时，不妨先将“脸面”放置脑后，以若无其事的风度，机智幽默的语言去化解。

“在生活中，幽默促进人体健康；在政治上，幽默有利于自己的形象与得分。”这句话是美国总统里根说的，由此可见，里根是一个非常具有幽默感的人。里根的这番话的确很有道理，他自己就曾有过很多以幽默解脱尴尬的事例。

在里根总统首次访问加拿大期间，有一天，当他在某地正在举行演说时，许多举行反美示威的人群不断高呼反美口号，导致他的演说也只能不时中断。

作为陪同人员的加拿大总理皮埃尔·特鲁多看到这种情景，感觉示威的人群对里根这位美国总统不够尊重，因而感到非常难为情地紧皱双眉。但是，面对这样难堪的场面，里根的表情仍旧很轻松。

里根笑容满面地说：“这样的事情在美国时有发生。我想这些人肯定是特意从美国赶来贵国的，他们想让我有一种宾至如归的感觉。”

眉头紧皱的加拿大总理皮埃尔·特鲁多听了此话疑虑顿消，也一同开怀大笑了起来。

碰到尴尬局面时，不妨先将“脸面”放置脑后，以若无其事的风度，机智幽默的语言去化解。如果你遇到这种情况时也不要感到尴尬，更没有必要气急败坏地把原本良好的关系给破坏了。毕竟，我们不能因为一句笑话而失去一个朋友。

正确运用说话技巧，不能信口开河地胡诌一通，必须建立在实事求是的基础上。上面的故事就是很好的例子。

接下来的推理也非空穴来风。美国与加拿大是邻国，彼此往来十分方便。听说里根访问加拿大，有反美情绪的美国人也跟着去了加拿大，这种情况司空见惯。

由此可见，遇到上述尴尬的场面，主动揽过责任，能够使对方摆脱尴尬，并且活跃现场气氛。

巧妙抽薪止沸，里根扬长避短

这种在言语上否认一个观点，之后又拿出另一套说辞将原先否定过的观点包含其中的肯定做法，是一种高明的说话技巧。

作为美国历史上年龄最大的一位总统，里根曾经多次巧妙地回击了对手对他年龄问题的攻击。在媒体上他公开公布自己已经“得了老年痴呆症，来日无多”后，一次出现在一个为共和党竞选的集会时，他突然又说：“就目前而言，我恐怕不能竞选1996年的总统了，但这并不排除参加2000年总统竞选的可能。

此话一出，全场起立，甚至连他的政敌也鼓起掌来。

在参加竞选的总统候选人中，里根的年龄无疑算是比较大的，再加上疾病缠身，真可谓“雪上加霜”。他公布自己已经“得了老年痴呆症，来日无多”，这样说就等于宣布他退出总统竞选。这样一来，他的那些政治对手自然就高兴坏了。

但是，在公布了自己病情的同时，他又宣布：“就目前而言，我恐怕不能竞选1996年的总统了，但这并不排除参加2000年总统竞选的可能。”于是乎大家“甚至连他的政敌也鼓起了掌”，没有人怀疑他是在作秀，都为他的决心所感动。

在这里，里根避开弱点，跳出非此即彼的框框设定，反过来单刀直入，利用参加竞选的时间这一选项来说事。他认为，在1996年，即使因为患病不能参加竞选，但在2000年，即下一届不排除参加总统竞选的可能性，这使得那些政治对手无懈可击，在长达四年的时间内，他的疾病怎么可能没有治愈的可能呢？如果政治对手对此都加以否定，显然不会令人信服。

这种在言语上否认一个观点，之后又拿出另一套说辞将原先否定过的观点包含其中的肯定做法，是一种高明的说话技巧。在采用此种说话方式之前，一定要设计好，否则要是“收”不回来原先的话，那就背道而驰了，想弥补都没有办法弥补。

第七章

美国总统在非常场合的应变之道

失了言要及时弥补

人有失足，马有失蹄。失足了可以再站起来，失蹄了可以重新振作，而人失言了也可以用妙语去弥补。会不会及时弥补自己的失言，结果是大不一样的。

历史上和现实中许多能说会道的名人，在失言时仍死守自己的城堡，因而惨败的情形不乏其例。

1976年10月6日，在美国福特总统和卡特共同参加的为总统选举而举办的第二次辩论会上，福特对《纽约时报》记者马克斯·佛朗肯关于波兰问题的质问，作了“波兰并未受苏联控制”的回答，并说“苏联强权控制东欧的事实并不存在”。这一发言在辩论会上属明显的失误，当时遭到记者立即反驳。但反驳之初佛朗肯的语气还比较委婉，意图给福特以改正的机会。他说：“问这样一件事我觉得不好意思，但是您的意思难道在肯定苏联没有把东欧作为其附庸国？也就是说，苏联没有凭军事力量压制东欧各国？”

福特如果当时明智，就应该承认自己失言并偃旗息鼓，然而他觉得身为一国总统，面对着全国的电视观众认输，绝非上策，于是继续坚持，一错再错，结果为那次即将到手的选举付出了沉重的代价。刊登这次电视辩论会的所有报纸都纷纷对福特的失策作了报道，他们惊问：“他是真正的傻瓜呢？还是像只驴子一样的顽固不化？”

卡特也乘机把这个问题再三提出，闹得天翻地覆。

高明的辩论家在被对方击中要害时绝不强词夺理，他们或点头微笑，或轻轻鼓掌。如此一来，观众或听众弄不清葫芦里卖的什么药。有的从某方面理解，又认为这是他们服从真理的良好风范；有的从另一方面理解，又以为这是他们不屑于辩解的豁达胸怀，而究竟他们认输与否尚是未知之数。这样的辩论家即使要说也能说得很巧，他们会向对方笑道："你讲得好极了！"

相比之下，里根总统就表现得高明许多。

一次，美国总统里根访问巴西，由于旅途疲乏年岁又大，在欢迎宴会上，他脱口说道："女士们，先生们！今天，我为能访问玻利维亚而感到非常高兴。"

有人低声提醒他说溜了嘴，里根忙改口道："很抱歉，我们不久前访问过玻利维亚。"

尽管他并未去玻国，当那些不明就里的人还来不及反应时，他的口误已经淹没在后来滔滔的大论之中了。

这种将说错的地点时间加以掩饰的方法，在一定程度上避免了当面丢丑，不失为补救的有效手段。

在实践中，遇到这种情况，有三个补救办法可供参考。

1. 移植法，就是把错误移植到他人头上。如说："这是某些人的观点，我认为正确的说法应该是……"这就是把自己已说出口的某句错误纠正过来了。对方虽有某种感觉，但是无法认定是你说错了。

2. 引申法，迅速将错误言辞引开，避免在错中纠缠。就是接着那句话之后说："然而正确说法应是……"或者说："我刚才那句话还应作如下补充……"这样就可将错话抹掉。

3. 改义法，巧改错误的意义。当意识到自己讲了错话时，干脆重复肯定，将错就错，然后巧妙地改变错话的含义，将明显的错误变成正确的说话。

不要为了一时的快意说出不理智的话

永远不要为了一时的快意说出不理智的话，做出不理智的事。

林肯是一个自我约束力很强的人，当他知道别人的批评是真诚而有道理的时候，就会心悦诚服地接受别人的意见。

在葛底斯堡的一次战斗中，敌方李将军被打败后带领残兵企图跨过波托马克河逃命。但由于连降大雨，河水暴涨，水势凶猛，根本无法渡过，后边还有一支得胜的联军，所以当时的李将军进退两难，只待束手就擒了。

林肯认为这是歼灭李将军部队结束战争的时候了。于是满怀希望地向米德将军发出了自己的命令，而且还派了特别信使让他不必召开作战会议，立即向李将军发起进攻。而米德将军却照旧召集了作战会议，犹豫不决，拖拖拉拉，还发电报为自己辩解，毫无理由地拒绝向李将军发起攻击，直接违抗了林肯的命令。结果后来河水退了下去，李将军带领残兵败将顺利地渡过波托马克河，成功逃脱。

林肯得知后，气得浑身发抖，对着自己的儿子罗伯特喊道："上帝呀!这是什么意思?他们已经在我们手边了，只要一伸手，他们就成了我们的了；可是我的言语和行动就没能使我的部队动一动，在这种情况下，几乎任何一位将军都能把李将军打败。如果我去了那里，我将亲手给他一个耳光！"

就是在这样的情绪支配下，林肯给米德写的信仍保持着高度的克制：

“我亲爱的将军，我相信你并不了解李将军逃跑所造成的后果究竟有多么严重。他已经落在我们手心里，如果歼灭了他，就会立即结束战争，可是这样一来，战争将无限期地被拖延下去，你当时怎么会在河南岸这么做呢?要说你现在还能再做出更多的成就，那是不可想象的，而且我现在也根本没这个指望。你的黄金时间已经一去不复返了，而我也因此感到无限遗憾。”

就这样一封信，林肯写好后却始终夹在他的文件夹里，直到死后才被人们发现。

话说回来，对于林肯自身而言，如果发出这封信，心情是痛快了，然而既然良机已不可挽回了，对米德的责备只能使米德极力为自己辩解，减弱他作为一名指挥官所该发挥的作用，或许还会迫使他辞职退休也未可知。其实，如果换了你也会和米德一样，刚刚在上周看到那么多鲜血，在你的耳朵里还萦绕回荡着受伤者及垂死者的喊叫，你的做法也许完全与米德将军相同。

如果你想在人生中有所成就，那么就要学会控制自己。你要时刻警告自己，永远不要为了一时的快意而说出不理智的话，做出不理智的事。

背后赞美他人，能收到神奇的效果

背后赞人一句，胜过当面夸人十句。

人们都喜欢听好听的话，有时明知对方是在奉承自己，还是难免沾沾自喜，这就是人性的弱点。当一个人听到关于自己的溢美之词时，绝不会感到厌烦，除非对方说得过于离谱。所以，如何说好话也是一门不同凡响的学问，那么学会说好话，将会奥妙无穷。

只是人们不知道，最有效的好话还需在第三者面前说。经常对第三者说一个人的好话，是让自己与那个人保持融洽关系的最有效的方法。如果有一位陌生人对自己说："某某朋友经常跟我提起你，说你很值得别人尊重！"相信谁听了这样的话都会生出感动之情。因此，要想令对方感到愉悦，就要采取这种在背后说人好话的策略。

美国南北战争之始，林肯总统以为凭借北方在人力、物力、财力上的绝对优势，加之战争的正义性，短期内即可平叛南方奴隶主军队的叛乱。

于是，林肯总统按照他平时的用人原则——没有大缺点，先后任命了三四位德高望重的谦谦君子做北方军的高级将领，想用他们在人们心中的道德感召力，用正义之师战败南方奴隶主的军队。

但事与愿违，这些没有缺点的将领在战争中却很平庸，很快便被李将军统率的南方奴隶主的军队一一击溃。

预想不到的败局，引起林肯总统的深思。他认真分析了对方的将领，从贾克森起，几乎没有一个不是满身都有大小缺点的人，但他们却有善于带兵用兵、勇敢机智、剽悍凶猛的长处，而这些长处正是战争所需要的素质。

反观自己的将领，忠厚、谦和、处世谨慎，这些作为做人的品格是不错的，但在充满血腥的战场上，却并不足取。

从这种分析出发，林肯力排众议，毅然起用格兰特将军为总司令。

命令一下，众皆哗然，都说格兰特好酒贪杯，难当大任。

大家都认为此人出身平民，素来衣着不整，说话粗鲁，行为也很莽撞，简直就是个大老粗。但林肯心里清楚，这些关于格兰特的传言大部分是夸大之辞，于是置之不理。谁想后来，有人以格兰特是个“酒鬼”为由要求林肯撤掉他的军职。林肯没有理会这些，反而赞扬格兰特说：“格兰特总能打胜仗，如果我知道他喝的是哪种酒，我一定给其他将军也送那种酒喝。”

林肯知道北方军的将领中只有格兰特是个运筹帷幄的帅才，要用他的长处，就要容忍他的缺点，这是严酷的战争，不是教堂里的说教。

因而，当有人激烈反对他的决定时，林肯坚定地说：“我只要格兰特！”

后来，这话传到了格兰特的耳朵里，让他感动得不行。

事实证明，格兰特果然没有辜负林肯的信任，立了许多卓越的战功。正是对格兰特的任命，成为美国南北战争的转折点。在格兰特将军的统率下，北方军节节取胜，终于扑灭了南方奴隶主集团的武装叛乱。后来，他还成为了美国第十八任总统。

背后赞一句，胜过当面夸十句。在背后说别人的好话，还能极大地体现一个人的“胸怀”与“诚实”，往往会事半功倍。在背后说别人的好话，常会被认为是发自内心、没有私人意图的。不但能给更多的人以榜样的激励作用，而且令被说者在听到他人转述的好话后，更能感到这种赞美的真实与诚意，从而在满足了荣誉感的同时，也增强了上进心以及对说好话者的信任感；尤其是当逐渐了解说话者对任何人都一样真诚时，这种信赖感更会日益增加。

先顺着正在气头上的人说话，时机成熟时再亮出自己的观点

和一个正在气头上的人沟通，不要直接否定其观点，因为即便你说出了正确的看法，对方也很难接受。

亚伯拉罕·林肯，生于肯塔基州一个穷苦农民家庭，美国第16任总统。林肯用自己的人格捍卫了美利坚合众国并解放了黑奴，建立了“民有、民享、民治”的民主政府，被认为是美国最伟大的总统之一。

曾经担任过美国作战部部长的斯坦顿，早年做林肯的战地机要秘书时，一天，他来到林肯总统这里，气呼呼地对他说一位少将用侮辱的话指责他偏袒一些人。

林肯听后也很生气，于是建议斯坦顿写一封内容尖刻的信回敬那家伙，他甚至说：

“可以狠狠地骂他一顿！”

斯坦顿立刻写了一封措辞强烈的信，然后拿给总统看。

“妙！太妙了！这样骂他，真是解气！要的就是这个！你写绝了，斯坦顿。”

林肯看后，高声叫好。

但是当斯坦顿把信叠好装进信封里时，林肯却叫住他，问道：“你想干

什么呀！”

斯坦顿老实回答：“寄出去呀。”

林肯大声说：“千万不要胡闹啊！这封信不能发，快把它扔到炉子里去。凡是生气时写的信，我都是这么处理的。这封信写得好，写的时候你已经解了气，现在感觉好多了吧，那么就请你把它烧掉，再写第二封信吧。”

和一个正在气头上的人沟通，我们不能直接否定其观点，因为即便你说出了正确的看法，对方也很难接受。最好的办法就是先顺着对方的意思说话，表明自己是站在对方同一个阵营的，然后再在对方情绪恢复平静后，亮出自己的观点和看法。这时对方是理智的，就很容易接受正确的观点和看法了。

生活和事业上的成功都离不开沟通，这往往在很大程度上依赖于情绪控制和严格的自我约束。自我约束，就是人们自觉地克制自己不符合社会道德要求的种种欲望，努力使自己的行为获得社会道德的认可。对于成功人士来说，这是绝对不能缺少的素质。

人类之所以能抵制本能的冲动，就是因为人类具有良好的自我控制能力。正是这种自我控制能力才真正区分了物质生活和道德生活，也正是这种自我控制能力构成了品格的主要基础。

意志坚强的人，能自觉地对其思想、言论和行为施加有效的控制。时时检点自己的行为，时刻注意净化自己的心灵，你就会渐渐成为一个高尚的、有道德的、懂得自我节制的人。

认真严格的训练能够培养良好的自我约束习惯。很多自律都能通过系统的训练形成，例如，即使那些看起来最没有希望的人，只要给予他们严格的训练，他们也可以成为勇敢、坚强和富于自我牺牲精神的人；又如，在战场上或者在航海时的非常危急的关头，那些训练有素的人，往往能临危不乱，向世人展示其勇敢和英雄的品质。

对于自制来说，很重要的一个方面就是不能放纵自己的欲望。为了寻求当下的满足，而以牺牲未来为代价，这会对你的事业造成无法弥补的损害。我们所说的自制，并不是要排斥日常生活中的幸福快乐。然而，只贪图眼前的享受，丝毫不考虑它对你可能造成的损害，是不可取的。自制的人能够看到现在的行动和将来的结果之间的联系，他会为将来而牺牲眼前来约束自己。要做到自制，关键的一点就是多考虑想说什么就说什么所带来的后果，要让眼前的行动和长远的利益一致起来，妥善处理两者的关系。一个自制力强的人，他的话语并不是听任欲望支配的，他有自己的信念、价值、目标和对未来的憧憬，这些才是他判断如何与人说话的准则。

别人的批评是让自己受益

只有你虚心接受别人的批评，才会保持清醒的头脑，才会学到更多的知识。

在你勇于展示自己的性格的同时，也要有勇于接受批评的度量，只要对方是真诚的，善意的。

美国内战期间，有一次，林肯在他的副官霍尔姆斯上尉的陪同下赴前线视察。

霍尔姆斯在战壕里指着远处敌军的阵地，给林肯做了些解释，但林肯偏要爬到战壕上面去看个仔细。

这时，敌军突然向他们打来了一梭子子弹。这可急坏了霍尔姆斯，他急忙抓着总统的手臂，把他拖下战壕，并对他大声吼道："快下来，你这个笨蛋!"语毕，上尉自知失言，冒犯了总统。他想这可不得了，非要受到纪律处分不可。

但林肯在与他分手时，却温和地对他说："再见，霍尔姆斯上尉。今天能够听到你像对一个普通公民那样对我讲话，我感到非常高兴。"

听罢此话，霍尔姆斯如释重负，由衷地敬佩林肯总统的大度。

没有人永远都是正确的，连罗斯福总统也只敢期望自己能在四次里面，有三次是正确的。爱因斯坦也曾坦承他的结论99%都是错误的。

在生活中，人们常因看问题的角度不同，显示出聪明与糊涂之别。我们不应因自己的看法遭到别人批评而生气，而是要虚心聆听别人的批评，变批评为教益，这是每个成功人士做人的法则。

一般人常因他人的批评而愤怒，有智慧的人却想办法从中学习。诗人惠特曼曾说："你以为只能向喜欢你、仰慕你、赞同你的人学习吗?从反对你的人、批评你的人那儿，不是可以得到更多的教训吗?"

事实也是如此，只有你虚心接受别人的批评，才会保持清醒的头脑，才会学到更多的知识。

法国作家拉劳士福古曾说："对手对我们的看法比我们自己的观点更可能接近事实。"我们知道这句话常常是正确的，可是被人批评的时候，我们总会很难过，如果不提醒自己我们还是会不假思索地采取防卫姿态。人总是讨厌被批评、喜欢被赞赏。我们并非逻辑的动物，而是情绪的动物。

当听到别人谈论我们的缺点时，不要急于辩护，让我们聪明点也更谦虚点，可以大度地说："如果让他知道我的其他缺点，只怕他还要批评得更厉害呢！"

我们也应该以同样的态度应对恶意的攻击。当你因恶意的攻击而怒火中烧，几欲发泄时，何不先告诉自己："等一等，我本来就不完美。这个批评可能来得正是时候，如果真是这样，我应该感谢它，并想法子从中获得益处。"

无论做什么事，我们都应该先听取一下别人的批评和意见，而且也应该欢迎这样的批评，因为我们不可能永远都是正确的。

随机应变，艾森豪威尔巧用幽默来解围

在文学作品中，我们常会见到“拟人”和“比喻”的踪影，但经艾森豪威尔的顺口拈来，却显得更为贴切、自然、幽默，表现出他高超的说话技巧。

有时我们讲话，很难交代清楚一件事，若换一下说话方式，就会自圆其说。有一种修辞手法就经常被用到，它就是——拟人。

下面这则故事，是关于艾森豪威尔的，他就巧用了拟人法，把“泥浆”说成了“人”，不仅给自己救了场，还缓解了尴尬的气氛。

有一次，身为第二次世界大战欧洲战场盟军总司令的艾森豪威尔，前去亚琛不远处巡视一支陷入困难境地的部队。

艾森豪威尔讲完一番话，下面顿时响起了雷鸣般的掌声。然而，当他正要从台上往下走的时候，却一不小心摔在了泥浆里，引起台底下哄然大笑。

可是，他却面不改色，而是和大家一同笑了起来。还说：“泥浆告诉我，我对你们的巡视是极其成功的。”

其实，艾森豪威尔作为一名公众人物，一言一行都十分重要，稍微出现一点纰漏，就会不利于他的形象维护，更何况他还是国家首脑。总之，他稍有不慎，既会影响自身形象，也会影响国家形象。

然而，有不少情况根本无法预先把握，即使自己处处留心，处处注意，

但还会免不了“上演”失误。

可想而知，在当时，艾森豪威尔摔在了泥浆里，弄不好肯定会损害形象，可他毕竟是常在不同场合下“磨嘴皮子”，“身经百战”之人，所以，在遭遇“此劫”时，他既没有显出沮丧的神情，也没有透出狼狈之态，而是非常镇定地从地上爬起来，平静地说了那句：“泥浆告诉我，我对你们的巡视是极其成功的。”

很显然，艾森豪威尔是用它来解嘲的，然而，如何适时地自我解嘲，就很讲究技巧。若再仔细分析这句话，还不难发现，他不光运用了“拟人”手法，还采用了“比喻”手法。

在文学作品中，我们常会见到“拟人”和“比喻”的踪影，但经艾森豪威尔的顺口拈来，却显得更为贴切、自然、幽默，表现出他高超的说话技巧。

艾森豪威尔说这句话，其实是要告诉那些美国士兵，自己并不是因走路不慎而摔在了泥浆里，而是要和“泥浆”对话。正是由于他想和“泥浆”对话，才有了“泥浆”与他说话这个结果。

就这样，“泥浆”很自然地就被拟化为人。那么，“泥浆”究竟说了一句什么话呢？这只有艾森豪威尔一个人知道，而别人是不可能听到的。于是，也就只好由他转告给士兵们了。

当然，他所转告的这句话，必然得有关现场视察的主题。也正是因为艾森豪威尔的随机应变和幽默，才十分巧妙地促使现场的气氛进入了热潮。

反客为主，林肯变被动为主动

在社交场合，各种突发情况可能都会发生，要想在沟通中变被动为主动，掌握一些反客为主的语言技巧仅是战胜对手的一个必要条件，其中最最重要的是，反客为主还需要凭借自己十分贴切的即兴发挥。

生活中的有些尴尬事，总是在你意想不到的时候突然光临。如何应付呢？一要靠智慧，二要靠妙语。

在一些场合中，人们总是会遇到一些进退两难的局面，也许是自己言语失态，也许是周围环境令自己始料不及，也许是对方反应不如事先预料的那样敏捷。在这种情境下，人们必须学会控制环境，也就是要随机应变，才能控制局势。

有一次，林肯正在擦皮靴，某外交官不无揶揄地问："总统先生，您总是擦自己的靴子吗？"

林肯不动声色地回答说："是啊，那你是经常擦谁的靴子呢？"

林肯的高明在于他巧妙地绕开对方所提出的一个判断性问题，进而找出破绽，给对方回敬了一个特指性的反诘。

尴尬局面的出现，往往是刹那间的事情，如果缺乏镇静，大惊失色，或是缺少智慧与口才，那只能是手足无措，乱上添乱。因此，遇到这样的场合，首先要做的就是保持镇静，冷静地观察局势，然后随机应变，机智巧妙地应付尴尬。

生活中，哪个人没给自己擦过皮鞋呢？本来自己擦自己的皮鞋，根本不算什么事，林肯若直接回答故意调侃他的外交官，就会显得有失风度，于是机敏的林肯随之以问代答，将这个不太好踢的球又踢到了对方的脚下，顺便也将对方调侃了一下，智慧的言辞让人觉得回味无穷。

林肯面对外交官“请君入瓮”式的问话，若以定式思维被动回答对方，就很难化解对方预设的“两难”问题，不管选择哪个点反驳对方，均难以让自己摆脱尴尬。

林肯若答：“是呀，我现在没什么事，就给自己擦鞋了。”外交官也许就会说：“你是美国总统呀，哪一天不是日理万机，怎么会没什么事呢？”若外交官再借机为难林肯：“擦鞋是佣人做的事，你是一位堂堂的国家总统，怎能亲自动手擦鞋呢？”想必林肯若想解释清楚，就不得不与该外交官无聊地纠缠下去，那该是多么的无趣呀！

但聪明的林肯却跳出了外交官“非此即彼”的预设框框，话锋一转单刀直入，从“擦别人的皮鞋”这个让人意料不到的点来应对外交官，也就顺势推翻了外交官调侃自己的预设选项的正确性。

在社交场合，各种突发情况可能都会发生，要想在沟通中变被动为主动，掌握一些反客为主的语言技巧仅是战胜对手的一个必要条件，其中最最重要的是，反客为主还需要凭借自己十分贴切的即兴发挥。能否用好这一点，就要看当事者的各方面的综合功力了。

为了烘托主题，克林顿自我贬低

如果我们只是为了烘托某一个主题，或者只是为了达到某一种目的，而过分地自我贬低，刻意地给别人“戴高帽”，就很容易弄巧成拙。因为，你的言过其实和夸大无边，只会让人徒增反感，给人造成一种“遭受愚弄”的感觉。

在人际交往中，有一种美丽的谎言——给别人“戴高帽”。说穿了，就是贬低自己，恭维别人，但这并不是一件轻松的事。而大家眼中的“阿谀”、“谄媚”、“拍马屁”，也只不过是“高帽”工厂里的伪劣品而已。

贬低自己，给别人戴高帽，不分贵贱穷富，不分时间地点，无须花费一分一毛，用好了，它往往会效果显著，让你畅通无阻。然而，自我贬低，不可以和“自我否定”画等号，也明显与“自卑”有别。它不光需要一种真诚、谦逊的态度，还需要精心地斟字酌句。

美国前总统老布什比克林顿大22岁，这不用问也知道，老布什是克林顿的长辈，而克林顿是老布什的晚辈。可是，克林顿60岁时，却这样说道：“乔治·布什的身体棒极了，他会出现在我的葬礼上。”

大家听后十分疑惑：克林顿的身体看起来这么好，怎么可能还活不过老布什呢？克林顿究竟是怎么了？难道他有什么不可告人的隐疾吗？抑或，他已经生了厌世之心？

殊不知，克林顿是在巧施“自我贬低”法，其真正之意则在于烘托“主题”——他与老布什之间的友情，同时还衬托出了这份友情的奇特和浓烈。

其实，“渴望获得别人的尊重和高看”，是人性中最根深蒂固的一种东西，我们每一个人的内心都渴望得到别人的“恭维”，也没有一个人不喜欢“戴高帽”。当然了，老布什和克林顿这对曾经的政治“冤家”，更不例外。

有句话说得好：过犹不及。如果我们只是为了烘托某一个主题，或者只是为了达到某一种目的，而过分地自我贬低，刻意地给别人“戴高帽”，就很容易弄巧成拙。因为，你的言过其实和夸大无边，只会让人徒增反感，给人造成一种“遭受愚弄”的感觉。

简言之，高帽虽然不坏，但必须合乎对方的规格和尺寸才是真正的王道。否则，只会让你的“马屁”错拍到了“蹄子”上，适得其反。

林肯顺应对方观点，让其难以自圆其说

夸大对方虚假的观点，就如同把一个十分细微的东西放在了精准的显微镜下，使其纤毫毕现，让人观察得一清二楚。这样，本质和真相自然也就暴露无遗了。

一天，林肯总统就“战场上的兵力”问题和大家一起讨论。

有人问林肯：“战场上的南方军有多少？”

林肯说：“120万人。”

看大家一脸的惊愕和疑虑，林肯又说：“没错！120万人！你们知道，我们的那些将军们每次作战失利后，总是对我说寡不敌众，敌人的兵力至少多于我军3倍，而我又不得不相信他们。目前我军在战场上有40万人，所以南方军是120万人，这毫无疑问。”

应该说，北方军次次都战败，这还不算，竟然还谎报军情，故意夸大事实，说南方军兵力胜过北方军兵力三倍还多。由于北方军目前的兵力为40万，那南方军的兵力至少应达120万。

要知道，这个庞大的数字，远远超出了南方军实际的兵力。

很显然，林肯是借“矛”——“北方军将军们谎报南方军的兵力”，来攻“盾”——“北方军屡屡战败”，也无疑拆穿了北方军将军们的谎言。

其实，林肯所用的这种说话技巧叫悬念虚夸。那么，什么是悬念虚夸呢？即故意夸大事实，在这里指林肯故意夸大南方军的兵力，从而促成悬念的产生，进而让大家生疑。

表面看来，林肯对“那些每次作战都失利的将军”的观点表示认同，实则是为了暴露出主要矛盾，使现场的人们也顿显惊愕。而当人们真正领悟出其中的荒唐之处时，疑虑又顿时无影无踪了，转而怒视那些谎报军情的北方军将军们。

需要注意的是：那些屡打败仗的北方军将军们，为了对自己的失败罪责进行开脱，故意虚夸南方军有多么的强势，而林肯就势也虚夸了一番。

也许大家会有这样的疑问：为什么北方军的将军在虚夸的时候，令林肯等人无比反感；而林肯在虚夸的时候，大家却感到惊讶呢？

原因很简单，林肯顺应了对方虚假的观点，让对方陷入一种根本就没有办法自圆其说的尴尬境地。换言之，夸大对方虚假的观点，就如同把一个十分细微的东西放在了精准的显微镜下，使其纤毫毕现，让人观察得一清二楚。这样，本质和真相自然也就暴露无遗了。

诚然，林肯是在借助于外在的事物，而它们恰好就是对方的“矛”和“盾”，从而揭露出事情的真相。事实上，这种方法，也可以说成是我们前面所言的“以其人之道，还治其人之身”。在诸多辩论中，这种“以子之矛，攻子之盾”的说话技巧很常见，往往采用这种方法也会收效奇佳。

林肯的这则小故事虽简单，但意义深远：不管问题有多么简单，一旦由口才好的人说出来，也会极具幽默感，更容易说到事情的最根本之处。

出人意料的发言，更耐人寻味

话不在多，而贵在精，多说反而无益。也只有出人意料的发言，才会引人注意、耐人寻味。

人和人之间，交流的方式有很多种，可引经据典，可侃侃而谈，可唇枪舌剑，可滔滔不绝……但除了凭借“语言”这个助力外，还不要忘了一种特别的方式——寥寥几句，甚至是无声的表达。

因为，越是接近“留白”效应，就越会给听者留下想象的余地和空间。而口才的最大魅力无非就是，让人出乎意料，反复寻味。

著名的哥伦比亚大学校长、美国总统艾森豪威尔有一次前去参加一个宴会，被安排在了最后一个上去发言。

排在他前面的几位发言人，个个是滔滔不绝、洋洋洒洒地讲了很多的内容。

其实，艾森豪威尔原本也准备好了演讲的内容，可是，当轮到他发言的时候，他却只讲了这样一句无关主题的话：“天下的演讲，无论如何都少不了标点符号，今晚，我用的是句号。”

说完后，他向大家鞠了一躬，便走下了讲台。

也许大家会说，艾森豪威尔无论是地位还是身份，都如同闪耀的明星，令人瞩目，可他此次没能充分地展现出自己的知识和才华，实为可惜。

其实不然，聪明的艾森豪威尔，分明是运用了出人意料的发言方式，不仅低调，而且还巧妙地批评了前几位发言人的“冗长”和“啰唆”。

要知道，那些不会说话的人，不着重点地“废话连篇”，只会白白浪费听众的宝贵时间，白白消耗听众更多的脑细胞，也只会残忍地碰撞听众无辜的耳膜，挑战听众的忍耐力，同时使听众的情绪躁动不安。

而那些会说话的人，往往都是简中求准、言简意赅、简明扼要。

这也正是艾森豪威尔这位名人的厉害之处，一句十分简短的话，便把宴会上的快乐、幽默气氛烘托了出来，且耐人寻味。也正应了中国的那一句俗语：“癞蛤蟆从晚上叫到天明，都不会引人注意；而公鸡只啼鸣一声，人们就起身干活。”

总而言之，话不在多，而贵在精，多说反而无益。只有出人意料的发言，才会引人注意、耐人寻味。

接过话头，顺水推舟

"接过话头、顺水推舟"并不是说我们一定要放弃自己的立场，而是要先对别人的立场进行改造，再让它变为我们自己的立场。说到底，就是巧借对方之力，来实现自己的目的，使对方陷入被动的局面。

我们每天都会接触到不少事，也会接触到不少人。所以，一切事和一切人所牵扯到的言语和行为，不可能都在我们的预料之中。时不时地，我们就会与尴尬"撞一下腰"，更免不了遭到别人发来的诘难和轻蔑。

凡是高明之人，绝对不会用自己的脑袋，硬生生地去"撞墙"，而是采取对自己阻力最小的说话策略，其中很厉害的一种便是——接过对方的话头，"顺水推舟"，以攻入对方的"死穴"，从而让对方发现自己的想法原来是错的，且知难而退或幡然悔悟。

有一次，美国总统杜鲁门去友人家里参加晚宴，却走错了门。

杜鲁门按下门铃，很快，里面走出来一位男士，像是企业家。

杜鲁门问道："这是乔治先生的家吗？"

对方回答说："不是！"接着，还认真打量了杜鲁门一番，轻蔑地继续说道："我说句话，你可不要太难过，你长得实在太像杜鲁门了。"

杜鲁门听后却立即"反击"："我希望你也不要太难过，我正是杜鲁门。"

这位男士顿现惊讶，尴尬不已。

颇有亲民思想的杜鲁门，果断地接过对方"我说句话，你可不要太难过，你长得实在太像杜鲁门了"这一话头，"顺"对方之水面，"推"自己之舟，将话轻松地抛了出去，不仅击中了对方的轻蔑，还善意、委婉地“教训”了对方，使其强烈的等级观念顿然消除。

但运用此策略时，需要谨慎，“接过话头、顺水推舟”并不是说我们一定要放弃自己的立场，而是要先对别人的立场进行改造，再让它变为我们自己的立场。说到底，就是巧借对方之力，来实现自己的目的，使对方陷入被动的局面。

不得不承认，“接过话头、顺水推舟”这种说话技巧施展起来很难，因为它根本没有办法提前准备，而只能是临时发挥，所以，我们的大脑必须灵活，思维必须敏捷，同时还要具有丰富的联想力。

同时，还要“接”得自然，“顺”得也要自然，只有这样，才可以真正实现攻其不备，出其不意；当然了，还要“推”得猛烈，“推”得巧妙才行，也只有这样，才更有可能见血封喉，一招制敌。

另外，“接过话头、顺水推舟”时，必须把握住好的时机，要一下击中能推波助澜的“水”。如若不然，机会一旦溜走，努力也就白费了。

利用肢体语言为演讲加分

在肢体语言方面，究竟有哪些“金刚法宝”呢？第一，眼神要温和地平视对方，不要上演“漂移”；第二，不能翘起二郎腿，不能让双手环抱于胸前；第三，放松自己的肩膀，不要紧闭双脚，也不要弯腰驼背；第四，当对方表示肯定或赞同时，一定要轻轻地点点头；第五，不能坐立不安，否则只会让别人跟着局促和紧张。

有心理学家曾经这样说过：“语言只占了沟通的7%，而肢体语言却占了55%。”由此可见，在平时的沟通中，肢体语言不可或缺。

恰当的肢体语言既会乖乖地帮你传递信息，也会为你的交流加分，更容易让别人记住你的独特个性。知道英国伊丽莎白女王为何那么高贵吗？知道詹姆斯·邦德为何酷毙了吗？他们的共同点就是——善于审慎地利用肢体语言。

林肯总统也是运用肢体语言的佼佼者。

有一次，身为律师的林肯出庭时，对方的律师针对一个简单的论据反复陈述了两小时还多，令听众叫苦不迭。

待轮到林肯时，他没有选择立即和对方进行雄辩，而是一反常规，一句话也没有说，先将自己的外衣脱下来，放在桌上，再拿起自己的玻璃杯喝了口水，接着又一次穿上外衣，然后又将外衣脱下来，再一次地将它放在桌上，接着又喝水、穿衣，整整重复了五六遍。

这一系列的穿衣、喝水动作，一下子逗乐了场下的听众们，大家笑得前俯后仰。待法庭上安静下来以后，林肯这才开始了辩护。

最终，林肯的辩论很成功，效果很好。

也许有人会认为，林肯平平常常的穿衣、喝水动作，并没有什么稀奇的。殊不知，就是这简单的肢体语言，却有它的不平常之处，不仅重击了对方律师的啰唆和无趣，还打消了对方的气焰，也为自己接下来的辩论做了非常好的铺垫。最重要的是，这让现场的气氛一下子活跃起来，也让听众的疲倦和无聊一扫而光，更是调动起了听众们的高昂情绪。

诚然，“红花还需绿叶扶”，一个简单、恰当的肢体语言，有的时候，能够让你的说话效率迅速提高十几倍。由此可见，正确地运用肢体语言，会获得让人意想不到的奇效。

反之，如果我们在与人沟通时，不停地走动、晃动身体，自己的手也无处安放，对方甚至都得不到你眼神的“眷顾”。很显然，这些就是“肢体语言”里的“废话连篇”，既苍白又无力，只会让人感到厌倦和反感。

那么，在肢体语言方面，究竟有哪些“金刚法宝”呢？第一，眼神要温和地平视对方，不要上演“漂移”；第二，不能翘起二郎腿，不能让双手环抱于胸前；第三，放松自己的肩膀，不要紧闭双脚，也不要弯腰驼背；第四，当对方表示肯定或赞同时，一定要轻轻地点点头；第五，不能坐立不安，否则只会让别人跟着局促和紧张。

总之，你若想很快就被对方所接纳，深受别人的喜爱，就千万别放过这样宝贵的机会——用自己的身体说话，让肢体语言多多为你加分。

第八章

左右逢源的说话技巧

里根用开场白给人留下良好的第一印象

好的开端是成功的一半，与人交谈时的前几句话甚至第一句话，最容易影响到最终的沟通效果。

当里根总统到了复旦大学，他在谢希德校长的陪同下步入小礼堂。面对一百多位师生代表，里根在开始正式演讲之前，说道："来华之前，我碰到一位你们复旦大学在美的留学生，她要我代她向谢希德校长问声好。"随即，他转向谢校长说："现在，这个口信带到了，请您打个电话告诉那位女同学，她的电话号码是……"

里根总统话音未落，就立刻博得了全场热烈的掌声。这是多么出色的表演!一位美国总统，竟如此认真负责地替一位极其普通的中国学生万里迢迢地带口信问候她的校长，居然还记住了她在美国宿舍的电话号码。

在沟通中，说好前几句话，特别是第一句话，往往很关键。因为，如果你一开始说得不好，可能就会给对方留下一个不好的印象，从而打消与你继续交谈的兴致。这其实是首因效应的一种表现。

所谓首因效应，就是指个体在社会认知中，通过"第一印象"最先输入的信息对客体以后的认知产生的显著影响作用，这种效应是由第一印象(首次印象)引起的一种心理倾向，很多人将它叫作"第一感"。

就本质而言，首因效应是一种优先效应，当不一样的信息结合在一起时，人们总倾向于注重前面的信息。就算人们同样关注了后面的信息，也会觉得后面的信息是非本质、偶然的，人们总是按照前面的信息来解释后面的信息，哪怕后面的信息和前面的信息是不一致的，也往往会屈从于前面的信息，以形成整体一致的印象。

引用到口才中，首因效应要求我们在与人交流时，一定要有一个好的开端。换言之，你一定要在前几句话甚至第一句话，就给沟通对象留下一个良好印象。

罗斯福妙用“花言巧语”收奇效

每个男人都应当善用自己的“花言巧语”。

很多人认为，只有当男人追求女人时才会嘴巴像抹了蜜一样花言巧语。其实，在人际交往中，妙用“花言巧语”，也可以收到奇效。

罗斯福是美国历史上极有声望的总统。在他尚未成为总统但事业正如日中天时，他通过使用“花言巧语”使自己同一些普通的女性保持着友好关系，并因此赢得了极大的声誉。

有一天，罗斯福到白宫拜访总统夫妇，碰巧塔夫脱总统和他太太不在。他真诚喜欢卑微身份者的情形全都表现了出来，因为他向所有白宫的仆人打招呼，他能叫出他们的名字，即使厨房的小妹也不例外。

当事人亚奇巴特后来回忆道：当他见到厨房的欧巴桑·亚丽丝时，就问她是否还烘制玉米面包，亚丽丝回答他，她有时会为仆人烘制一些，但是楼上的人都不吃。

“他们的口味太差了，”罗斯福有些不平地说，“等我见到总统的时候，我会这样告诉他。”

亚丽丝端出一块玉米面包给他，他一面走到办公室去，一面吃，同时在经过园丁和工人的身旁时，还跟他们打招呼……

他对待每一个人，就同他以前一样。他们仍然彼此低语讨论事，艾克福眼中含着泪说："这是将近两年来我们唯一有过的快乐日子，我们中的任何人，都不愿意把这个日子跟一张百元大钞交换。"

当然，罗斯福这么做决不只是为了做做样子，而是用发自内心的真诚的话语来表现自己。即使后来做了美国总统以后，他依然还是如此细心、平等地对待女性，表达自己的"浓情蜜意"。实际上，这正是西奥多·罗斯福异常受欢迎的秘密之一，就算是他的仆人都喜爱他。

罗斯福的那位男仆詹姆斯·亚默斯，写了一本关于他的书。在那本书中，亚默斯讲了一个富有启发性的事件：有一次，我太太问总统关于一只鹑鸟的事。她从没有见过鹑鸟，于是他详细地描述一番。没多久，我们小屋的电话铃响了（亚默斯和他太太住在牡蛎湾罗斯福家宅的一栋小屋内），我太太拿起电话，原来是总统本人。他说，他打电话给她，是要告诉她，她窗口外面正好有一只鹑鸟，又说如果她往外看的话，可能看得到。他时常做出像这样的小事。每次他经过我们的小屋，即使他看不到我们，我们也会听到他轻声叫出："呜，呜，呜，安妮!"或"呜，呜，呜，詹姆斯！"这是他经过时一种友善的招呼。

一位堂堂的大国总统，能对他身边的平凡的女性如此细心、关爱，适时地运用"花言巧语"，无怪乎他是那么受人爱戴。自然，那些正在为自己的理想或事业努力奋斗的普通男人，就更没有理由轻视身边的女性了。忽略了女人对自己事业的助益，那将可能成为男人犯下的致命错误。

演讲语言务求简洁

要想做到语言简洁，就要在注意在句式变化的同时，多用短句少用长句。

简洁生动，一语中的，含义蕴藉，不仅是演讲口才的基本要求，也是演讲口才的最高境界。

林肯还没当总统之前，有一次被邀请到一个学术会议上发表讲话。在他前面安排了另外两个教授先讲，这两个教授的讲话空洞无物，又特别的冗长，用中国的一句歇后语来形容就是“懒婆娘的裹脚布——又臭又长”。等他们讲完，台下的与会者已经被折磨得疲惫不堪。终于等到林肯上讲台，他望了一下台下，用力敲了敲桌子，然后提高嗓门，说了一句话：“绅士的演讲，应该像女士的超短裙一样越短越好。我的演讲完了。”台下顿时爆发了雷鸣般的掌声。这一句话，堪称古今中外演讲史上简洁用语的典范，任何时候都令人深思。

还有一次，林肯在葛底斯堡的演说中，也只用了十个句子，整个演讲重点突出，一气呵成，从上台到下台还不到3分钟，却赢得了15000名听众经久不息的掌声，并轰动了全国。当时报纸评论说：“这篇短小精悍的演说是无价之宝，感情深厚，思想集中，措辞精练，字字句句都很朴实、优雅，行文完美无疵，完全出乎人们的意料。”

这就是简洁的力量。好的演讲总是字字珠玑，简练有力，使人不减兴味。

不仅林肯如此，几乎所有的演讲大师，都是这样要求自己的。最短的总统就职演说，首推1793年华盛顿的演说，仅135个字。法国新总理洛朗·法比尤斯也是这方面的楷模。1984年7月17日，57岁的他在发表演说时，也是短得出奇，演讲词只有两句："新政府的任务是国家现代化，团结法国人民。为此要求大家保持平静和表现出决心。谢谢大家。"语言真诚，措辞委婉，表达精辟。

言不在多，达意则灵。林肯、华盛顿、洛朗·法比尤斯，这些演讲大师驾驭语言的能力都是非凡的，他们用最简洁的语言，诠释着演讲的艺术，都是我们学习的榜样。

在演讲中，要想做到语言简洁，就要在注意在句式变化的同时，多用短句少用长句。长句虽然能够表达缜密的思想，委婉的感情，能够造成一定的说话气势，但是其结构比较复杂，句子长，如果处理不好，不但说话者觉得吃力，听话者也不易理解。而短句的表达效果简洁、明快、活泼、有力。由于活泼明快，就可以干脆地叙述事情；由于简洁有力，就可以表达紧张、激动的情绪，坚定的意志和肯定的语气。因此，易说易听的短句，更适合在演讲这种重要的场合中使用。

尼克松妙语吊胃口

在与人沟通时，讲话要吊住别人的胃口，让别人不知道你葫芦里卖的是什么，这样更容易把控全局，让对方按着你的思路走。

在演讲前，应对演讲的内容保密，这样外界会越发想知道讲话的内容，在好奇心的驱使下，人们总想揭开那层神秘的面纱，因而演讲时听众的人数就会大大增加，演讲的效果就会很好。

在这一点上，尼克松总统就运用得很好，为他的演讲增色很多。

在1952年9月下旬，尼克松在电视上就有人说有一笔本应作为办公费用的竞选基金被其用于谋私利的指控做出回答。尼克松总统认为，这次电视演讲是自己从政以后收效最好的演讲之一。

在那时，因为有了指控，以致要求取消尼克松候选人资格的呼声很高，形势对尼克松来说是很不利的。在发表电视演讲前，新闻界想尽办法试图搞到尼克松对“是继续当候选人，还是退出竞选”的回答。但尼克松却让下属放出风声：自己还没做出决定，看了电视演讲就清楚了。

于是，人们怀着一种期待的心情想看个究竟。结果当天收听电视演讲的人比以往任何一次听竞选电视演讲的人都多。

在演讲后，新闻界来了一个180度的大转弯，出现了偏袒尼克松一方的有利局面，不利的形势一下就扭转了。

假如尼克松没有先前的秘而不宣、结果的出人意料这一有力的武器，其最后的结局极有可能被取消候选人的资格。

1969年，在美国掀起了反越战的狂潮时，尼克松再次面临着两种选择：是撤军，还是继续打下去？面对着这个全球瞩目的焦点问题，尼克松仍是守口如瓶。他下了一道命令：“绝对不能事先提供演讲稿，更不能泄露或推测我要讲些什么。”

在经过审慎的考虑后，尼克松站在了摄像机前。这次收看他演讲的观众超过了任何一次总统讲话的观众人数。无数双眼睛注视着他，无数的人聆听着他的声音：“我选择了一项实现和平的伟大计划，我坚信它一定能成功……”

最终，尼克松取得了可喜的战绩，他的支持率上升了11%，成为盖洛普民意测验开始以来因总统发表一次讲话而支持率上升最多的一次，为他推行和平的伟大计划打下了坚实的基础。

在与人沟通时，讲话要吊住别人的胃口，让别人不知道你葫芦里卖的是什么，这样更容易把控全局，让对方按着你的思路走。

用闲谈拉进双方的距离

有些人之所以“能说会道”、交际广泛，就是因为他们具有很棒的“闲谈”功夫。

闲谈是我们与他人深入交往前的热身准备，是我们与人交流、引发共鸣、交上朋友的好方法。很多时候，通过闲谈，可以让两个毫不相干的陌生人很快交上朋友，甚至成为知己。

从非洲回到美国后，富兰克林·罗斯福就着手准备参加1912年的总统竞选。因为他是已故美国总统西奥多·罗斯福的堂弟，又是一位有名的律师，知名度非常高。

在一次宴会上，在场的人几乎都认识他，但罗斯福却不认识在场的来宾。这时，他看出虽然这些人都认识他，但是却表现得非常冷漠，似乎看不出对自己有什么好感。罗斯福想出一个接近自己不认识的人并能同他们搭话的主意。于是他对坐在自己旁边的路斯瓦特博士悄声说道：“路斯瓦特博士，请您把坐在我对面的那些客人的大致情况告诉我行吗?”路斯瓦特博士就把每个人的大致情况告诉给了罗斯福。

了解一些情况后，罗斯福在闲谈中随口向那些不认识的客人提出了一些简单的问题，从中了解到他们的性格、特点、爱好，知道他们曾从事过什么职业、最得意的是什么。掌握这些后，罗斯福就有了同他们闲谈的资料，并引发那些人谈话的兴趣。没多会儿，罗斯福就通过闲谈和那些人成了新朋友。

有不少人认为闲谈是一件很浪费时间的事，但我们要知道一般社交性质的谈话，多半是从“闲谈”开始的。实际上，有些人之所以“能说会道”、交际广泛，就是因为他们具有很棒的“闲谈”功夫。

在社交活动中，我们应该怎样与人闲谈呢？以下思路仅供参考。

一、聊聊天气

这几乎是古今中外著名人士最常用的普遍话题。天气对于人的生活的影响太大了，天气很好，不妨同声赞美；天气太热，也不妨交换一下彼此的苦恼；如果有什么台风、暴雨或是季节性流行病的消息，更值得拿出来谈谈，因为那是人人都关心的话题。

二、说说家庭

关于每个家庭里需要知道各方面的知识，例如儿童教育、购物经验、夫妇之间怎样相处、亲友之间的交际应酬、家庭布置……这一切，也会使大多数人产生兴趣，家庭主妇们尤其关心这个问题。

三、拿自己开涮

如果你能够把自己闹过的有些无伤大雅的笑话说给别人听，比如像买东西上当啦、语言上的误会啦等，这一类的笑话，多数人都爱听。开开自己的玩笑，除去能够博人一笑之外，还会使人觉得你为人很随和，很容易相处，从而主动与你交流。

四、轰动一时的社会新闻

轰动的新闻是热闹的闲谈资料，这谁都知道。如果你有一些具有独特价值的新闻或特殊的意见和看法，那足可以把一批听众吸引在你的周围。

五、健康与医药话题

健康已经越来越受到更多人的关注，所以关于健康与医药方面的话题，也是很多人感兴趣的。新发明的药品，著名的医生，对流行病的医疗护理，自己或亲友养病的经验，怎样可以延年益寿，怎样可以增加体重，怎样可以减肥……这一类的话题，也许纯粹就是一家之言，但它绝对能吸引人的注意力，而且也没有什么不好。特别是在遇到朋友或其亲人出现健康问题时，如果你能向对方提供有价值的意见，对方就会非常感激，并愿意与你进行更深的交流。

当然，每个人都可以根据自己的实际情况选择闲谈内容，以上几点仅为抛砖引玉。

总之，闲谈是我们与陌生人拉近距离、结交新朋友、巩固友谊、与他人在思想上沟通的有效手段，我们一定要学会好好运用。

巧用俗语，杜鲁门谈话有情趣

运用夸张的言谈技巧，可以透现出浓郁的生活情趣。

杜鲁门总统被白宫的工作人员叫作“老板”，杜鲁门有没有老板呢？他叫自己的夫人为“老板”。

“推卸责任者，到此止步”，是杜鲁门的办公桌前放置的一块牌子。这并不是杜鲁门的终点站，他每天晚上都要向他的“老板”请教许多问题，而总统夫人也会在幕后向杜鲁门施加各种影响。

因为总统夫人的话常常说得在理，对此杜鲁门并不反感，还被杜鲁门本人自豪地称为“她是唯一能骂我而不受惩罚的人”。

在中国民间，唯老婆的话是听，会被一些人看作是患了“气管炎”，也就是“妻管严”的谐音，不是病。

男人患了“妻管严”，一般会被男同胞们耻笑的。现代社会尽管女人在政治、经济上已经彻底翻了身，但是中国传统文化的影响力显然还是巨大的，男人仍然被看作是一家之主，被看作是家中的顶梁柱。

杜鲁门总统患了“气管炎”，竟然还以此为骄傲，并且向手下的工作人员公开声称，他管自己的妻子叫“老板”。这真是让人感到不可思议。

大家都知道，“老板”就是说话算话的人，就是管理者、领导者。杜鲁门是不是在故意戏说？当然不是。每天晚上回家，杜鲁门都要带着许多问题向他的“老板”请教，当然国家机密之事不会包括在内。而常常他的“老板”也说得在理。

从个人私生活上看，杜鲁门对妻子的感情很深。他患了“气管炎”，是不是就是因为这一点呢?

杜鲁门之所以向妻子征询一些工作上的问题，是因为“夫人常常说得在理”，绝对不是惧怕妻子，不得已而为之。

只有在真理面前，杜鲁门才变得“听话”，他可不是那种遇事为感情所驱动的人。由于妻子的见解往往高出他一筹，很有处理问题的水平和能力，所以，他称她为“老板”，很中肯地评价妻子，非常乐于向妻子请教。

“她是唯一能骂我而不受惩罚的人。”杜鲁门曾经这样自豪地向大家宣称。在外面，无论地位，还是权力，作为国家总统，杜鲁门都是至高无上的。在家中，是一个男人，作为一家之主，杜鲁门也拥有一定的地位。所以，如果妻子叱骂，他有权力作出反应。但是，他采取的却是袒护的态度，就是因为妻子是他的“老板”。

这些话语杜鲁门当然运用了夸张的言谈技巧，透现出的却是浓郁的生活情趣。总统也具有一般人的感情，也是人。杜鲁门对妻子的敬畏，让中国百姓想起了“气管炎”。但很明显，杜鲁门的“妻管严”让人感到有趣，可爱。

自我肯定是最好的自我安慰

最好的“自我安慰”就是“自我肯定”。

肯尼迪在1961年当选为美国第35任总统。在此之前，1956年他曾被提名为副总统候选人，可惜在竞选中对手凯弗维尔获得了最终的胜利。

他在失败后乘飞机去欧洲休养。这一天，无所事事的他正在父亲租来的房子前晒太阳，坎菲尔德——他妹妹的前夫恰巧从面前经过。

“你为什么想当总统呢？”坎菲尔德问肯尼迪。

漫不经心的肯尼迪随口就说：“我想这是我唯一能干的事情！”

肯尼迪是怎样对待这种暂时性的挫折呢？他用的就是“自我肯定”。

作为一个胸怀大志的人，肯尼迪很早就进入了美国政界。在年轻时，就连任了两届众议院的议员。他的父亲曾经将他的哥哥当作美国未来总统的候选人来培养，寄予厚望的是他的哥哥，然而，他的这位极富才华的哥哥不幸在战争中牺牲了。毫无疑问，在这样的家庭熏陶下，肯尼迪从小就对政治产生了浓厚的兴趣。而且，他不但有很大的政治抱负，也很有政治才华，从他连续两次当选为议员的经历就可以看得出来。

就在肯尼迪摩拳擦掌，准备大干一场时，他竞选副总统却遭遇败北。实现理想和抱负的道路是不平坦的。此时他的心情也许很沮丧，但他没有因此灰心绝望。他暗下决心：努力创造更有利的竞选条件，以图在以后的竞选中东山再起。

妹婿坎菲尔德见他闷闷不乐的样子，就出于安慰，问肯尼迪为什么想要当总统。肯尼迪的回答漫不经心，几乎看不出他有什么远大的政治理想和抱负，他把当总统与当渔夫捕鱼或者当园丁修理花圃等同起来，这种等同表面上看就显得有些不伦不类，甚至有些荒唐。其实这是一种掩饰，即将竞选失败的失落感埋藏于自己心内，又将自己远大的政治抱负掩盖起来，还避免了妹婿的不理解和嘲笑。

“我想这是我唯一能干的事情”，肯尼迪的这句话运用了“自我肯定”的技巧，换句话说：其他的事都不会做，除了当总统，这就把当总统当成了一件比较容易做的事。

能够胜任总统一职的人，众所周知，必须具备超常的政治才能，因此，自谦的肯尼迪实际上表明了对他自己的政治才能充满信心。

后来，肯尼迪终于如愿以偿地当选为美国总统，并且成为美国历史上最负盛名的总统之一，表现出了杰出的政治才干。

最好的“自我安慰”就是“自我肯定”。精神上的“自我安慰”只能在一定程度上缓解遭遇挫折带来的压力，达不到最终目的。缓解，在战斗间隙中只是起到暂时休整的作用。当重新拥有勇气和力量后，就以千百倍的英勇投入到战斗中去。这就需要自信。

说话要不鸣则已，柯立芝一鸣惊人

一个走到哪都喋喋不休地唠叨个不停的人，不可能是一个会说话的人，这样的人甚至会招致很多人的厌烦。

很多时候，一个平时不太爱说话，而在关键时候敢于大胆开口的人，反而可能是个会说话的人。这类人大多抱着“言多必失”的态度，约束自己的言行。除非不开口，一张口往往就会一言九鼎，能够起到让人振聋发聩的作用。

柯立芝就是这么一个人，他平时少言寡语，被人们称为“沉默的卡尔”。可见平时柯立芝是个多么不爱说话的人。

艾丽斯·罗斯福·朗沃思曾嘲笑他：“柯立芝看上去像从盐水里捞出来的。”“从盐水里捞出来的”的意思，也就是当代人所说的那些沉默寡言的“冰冻人”。

柯立芝反驳道：“我认为美国人民希望有一头严肃的驴子做总统，我只是顺应了民心而已。”

在这里，柯立芝并没有争辩自己的沉默寡言不是缺点，而是在言语中用一个“严肃”来应对“沉默”，用默默奉献的驴子，来表明自己每一天都是在为国家辛勤劳作、乐于奉献的。仅此一语，可谓不鸣则已，一鸣惊人。

大家都知道，在人们的印象中，驴子是一种要求特别少、奉献特别多的动物，它的生活，只是需要一点维持生命的草料而已，但所做的工作却很多。柯立芝用此自喻，表明了自己的实干精神。这样的自喻，显得非常形象生动，让人瞬间就会对其产生好感。

有人可能会误将一个爱说话的人，当成会说话的人。这其实是两个概念。一个走到哪都喋喋不休地唠叨个不停的人，不可能是一个会说话的人，这样的人甚至会招致很多人的厌烦。

巧妙类比，尼克松用真感情打动对方

在运用“类比”技巧时，“本体”和“类比的对象”，必须具有可比性，并且在某些方面具有同类性。否则，不仅难以起到生动感人的效果，还会显得不伦不类，让人感到费解甚至产生反感。

在诉诸语言的辩论中，修辞是一种可以使语言形象、生动的途径。所以，借用修辞法，是辩论者经常采用的技巧。

进行辩论和回答，采用“类比”手法，也能使辩论产生良好的效果。

尼克松所到之处，夫人常常陪在他的身边。他处处表现出男人对女人的尊重。总统夫人也处处表现得和蔼可亲，与人们打成一片。

在人们向尼克松的夫人表示欢迎和好感时，尼克松也没“闲着”，他锦上添花，运用类比手法使欢愉的气氛变得更加热烈。

有一次，群众这样欢呼：“我们喜欢帕特！我们要帕特！”尼克松幽默地回应，“你们要不了，我还留着她呢！”

尼克松在这里将夫人帕特“类比”成“喜欢之物”，就是运用了类比的技巧。这个“喜欢之物”外延很广，可以是动物，也可以是植物，甚至是物品。但是这个“喜欢之物”有个前提，必须是所喜欢的，用一句流行语来说就是“大众宠物”。

将夫人“类比”成“喜欢之物”，或曰“大众宠物”，尼克松不仅流露出了他对夫人浓浓的爱意，也表示了对女权主义的认同。

只要仔细品味就会发现，尼克松现场这句话生动感人，在气氛上起到了

“锦上添花”的效果。

必须注意的是，在运用“类比”技巧时，“本体”和“类比的对象”，必须具有可比性，并且在某些方面具有同类性。否则，不仅难以收到生动感人的效果，还会显得不伦不类，让人感到费解甚至产生反感。

夸张说法，里根争取别人的同情

在说话时，恰当运用夸张技巧，能够增加调侃、幽默的气氛。

有一次，里根在谈到提高税率的原因时，他说：“给政府多交税，就像给一只迷路的小狗喂食，它会跟着你，坐在你家门口，乞求更多的食物。”

财政发生赤字，政府怎么办？只好在提高税率上打主意，也就是说要提高纳税人的税率。这样一来，纳税人自然不乐意。

纳税人的心情可以理解，提高税率势在必行，向纳税人解释，政府需要钱进行某些方面的投资、建设，这未尝不可。

怎么向纳税人解释呢？侃侃而谈，陈述纳税人的义务？这当然可以。然而，如果这样说，纳税人仍然会不乐意，仍然要发牢骚，里根深知这一点。

为什么呢？

纳税人总是以为政府在乱花钱，即便再言之凿凿、振振有词也没有用。

向纳税人解释无疑是画蛇添足的举动，不如换一种说法。于是，里根干脆运用形象、生动的比喻手法，对政府明贬实褒，争取纳税人的谅解。

将政府比喻成“一只迷路的小狗”，小狗既然迷了路，可想而知，肯定多时或多日没有进过食。政府已经困难成这个样子，所有有爱国之心的人士，都应该慷慨解囊。

里根在这里明显使用了夸张的技巧。夸张，有扩大的夸张，如“心比天高”；也有缩小的夸张，如“心眼像芝麻粒一样小”；还有超前的夸张，如“看到嫩绿的水稻苗就像闻到了大米饭的清香”。在说话时，恰当运用夸张技巧，能够增强调侃、幽默的气氛。

说话有亲和力，才有凝聚力

在与下属开玩笑时，要注意方式方法，不仅不能让对方感到难堪，还应当让下属感到愉悦，这样才能增强凝聚力。

总统艾森豪威尔是个秃头，他的财政部部长乔治·汉弗莱也是个秃头。两个人在第一次见面时，艾森豪威尔和乔治·汉弗莱亲切握手，并说：“乔治，我注意到你梳头的方式完全和我一样。”

总统艾森豪威尔是财政部部长乔治·汉弗莱的最高领导，在乔治·汉弗莱面前，艾森豪威尔完全可以摆出威严的姿态，但是他却平易近人，显示出了自己的亲和力。

能够亲切地与下属开玩笑，就证明了艾森豪威尔不是以高官权要仗势凌人。而且他在与下属开玩笑时，还能够注意方式方法，运用了说话技巧，不仅不会让对方感到难堪，还会让对方感到愉悦，这是尤为难能可贵的。

一般人对于“秃头”是忌讳的，艾森豪威尔也知道，他在这句玩笑中，巧妙地避开了实话实说的忌讳，也避开了因此可能带给两个人的尴尬。

如果艾森豪威尔直截了当地对下属说：“你是秃头，我也是秃头，我俩一样，都不需要梳头。”

试想乔治·汉弗莱听了这话，一定会感到十分尴尬。他若是小心眼，还会认为艾森豪威尔是在挖苦他。

令人更加叫绝的是，艾森豪威尔同时又运用“无中生有”的技巧，使他的话变得更加幽默。你看，秃头何需梳子？但艾森豪威尔却说“梳头的方式”一词，便让人忍俊不禁。

这一句玩笑话，由于艾森豪威尔说得巧妙，在敏感的话题上却挖掘出凝聚上下级关系的亲和力，显示出口才的无穷妙用。

自谦有分寸，不可无原则

自谦应该有一定的分寸，且还应因事而异，不能事事自谦，更不能随意在一些重大原则问题上自谦。

当选总统后，小布什很好地处理了各方面的复杂关系，将自己定位在“低调做人”上。但是，即便这样，还是常常被人攻击。

遇到有人攻击自己老是犯文法错误时怎么办？小布什没有火冒三丈，没有反唇相讥，而是谦卑地承认他的嘴是“文字死亡之处”。

但是他又解释说：“你们知道口蹄疫正席卷欧洲吧？我也染上这种病了！”

这个解释相当重要，很明显这是一种幽默，既然是幽默，听众就不能太较真。

正由于是一种幽默，才凸显出布什的人格魅力。之所以这样说，是因为通过幽默，布什将他谦卑的品性表现了出来，让人觉得他这个人很平民化，没有总统的架子，不妄自尊大。

在这句幽默的话中，布什使用了两种技巧：比喻和自嘲，将他在说话时犯文法错误比喻成传染上“口蹄疫”，导致在说话时，使文字在嘴唇上死亡。本体和这个比喻的喻体之间的联系非常吻合，动物患口蹄疫，往往在嘴唇上表现出来，唇上起很明显的水泡；此外，动物常常会因为患了口蹄疫不治而亡。

由此可见，以动物的死亡来比喻文字的死亡，是恰当的。由于运用了这种比喻，本来很抽象的东西，变成了可感知的具体事物，达到了形象、生动的效果。

但是，自谦应该有一定的分寸，且还应因事而异，不能事事自谦，更不能随意在一些重大原则问题上自谦。否则，就会招惹麻烦。

装糊涂需要足够的智慧

小布什装“傻”是为了避免遭到别人的攻击，是在以退为进。此外，他在口头上并不承认自己傻，这也是高明之举，如果他承认自己是笨蛋、承认自己傻，那就无异于授人以柄。

小布什一向被媒体讥讽为缺乏幽默细胞，在他入主白宫后，他的幽默本领不断长进。有一次，在华盛顿新闻界的周年晚宴上，小布什妙语连珠，语惊四座，让在场的众人顿生“士别三日当刮目相看”之感。

美国第23任总统哈里森发明了这种一年一度的记者招待会，这一年已经是第116届了。在晚宴上，记者俱乐部每年都会以歌曲和短剧等形式来戏谑总统，“烧烤俱乐部”的戏称因此得来。

深知其中奥妙的小布什，采用不断自嘲的以退为进的手法，堵住了别人的嘴巴。

晚宴上，身穿晚礼服的布什，对在座的资深记者开起玩笑。他说，他知道下属们私下嘲笑他愚笨、缺少智慧，但他每天早上的第一项工作偏偏就是看“情报简报”。

“我刚刚完成了人类图谱。我的目标是克隆另一个切尼，那么我就不用做任何事了。”布什坚称自己其实并不笨。这时，他把头扭向切尼：“切尼先生，下面我该怎么说？”

全场哄堂大笑。

对于下属们私下嘲笑他“愚笨、缺少智慧”，布什一方面声称他不笨，不笨的理由是“刚刚完成了人类图谱。我的目标是克隆另一个切尼，那么我便不用做任何事了。”要“克隆”一个人，可不是笨蛋做得到的事，更何况还是“克隆”副总统切尼！

但是另一方面，他却故意装傻，傻到再傻不过，就连下面的话都不知道怎样去说，把头扭向切尼，“切尼先生，下面我该怎么说？”真是傻态可掬！

这样装“傻”以后，别人就不会再骂小布什了。对于一个显出傻态的人，继续攻击他是笨蛋、傻子等，是不厚道的，也是毫无意义的。

“得饶人处且饶人”，“抬手不打笑脸人”，都是中国的老话。美国的文化虽然与中国有异，但在道德伦理方面，自有人类的共通之处。

可以看出，小布什装“傻”是为了避免遭到别人的攻击，是在以退为进。此外，他在口头上并不承认自己傻，这也是高明之举，如果他承认自己是笨蛋、承认自己傻，那就无异于授人以柄。

笨蛋、傻瓜怎么能担当一国总统的重任？赶紧下台吧！对手就会如此大作文章。

装“傻”则不同，这是一种幽默，大家不会当真，只会一笑置之。而且，别人也不会以此作为实据，来进行攻击。真是一箭双雕！

让枯燥的数据动起来

巧妙地运用拆字法，里根既表达了他永远年轻的愿望，又把宴会的气氛变得轻松、活跃起来。

生活中的情趣无处不在，只要用心去寻找和领悟，就可以发掘出许多充满情趣的素材。

在里根70岁生日宴会上，他别出心裁，巧妙地运用拆字游戏将他的实际年龄减小，使参加生日宴会的人感到乐不可支，同时又被他的乐观情绪所感染。

在生日宴会上，里根说："今天适逢我39岁生日的第31周年纪念。无论哪一年我都过得很愉快。如果你们考虑选择其中的一年，让我来参加宴会的话，我想那也是挺好的。"

青春，永远是老年人所向往的，但是自然规律不可改变，年老者不可能返老还童。在70岁生日的宴会上，里根为了冲淡参与者对他衰老的感受，将70岁拆成39岁与31岁，这样一来他就成为一位39岁年富力强的中年人。

有些人年纪老了，但心态不老，便将实际年龄倒过来说，在中国也有这样的例子。比如：有人今年84岁，他偏要说自己48岁；有人53岁，他偏要说自己才35岁。老年人喜欢说自己年轻，也有采用减半的计算方法的。例如，有人56岁，他就说自己才28公岁；有人68岁，他就说自己才34公岁。

这些中国人的例子和里根的幽默方法非常相似，目的就是显示自己有一颗年轻的心，也向周围的人展示自己蓬勃朝气的生活现状。

心态上的衰老比生理上的衰老更可怕。有的人年龄本来不大，但经不起生活的压力，面对生活和前途上的挫折悲观失望，唉声叹气，心态已经衰老，变成了行尸走肉一般。

与这样的年轻人相反，一些老年人虽然历经过不少生活中的坎坷，但屡败屡战，勇气丝毫不减。他们跨越了年龄的界限，心理年龄永远年轻。

在生日宴会上，面对亲朋好友的美好祝愿，里根没有以年老者自居，也没有“日暮近黄昏”的风烛残年的感觉，而是像年轻人一样生机勃勃。

“我还不老，我的心态还很年轻。”里根如果直接这样告诉大家，也未尝不可，亲朋好友也乐于接受，会报以鼓励的掌声。但是那样一来，生日宴会的气氛就显得比较严肃了。

巧妙地运用拆字法，里根既表达了他永远年轻的愿望，又把宴会的气氛变得轻松、活跃起来。说话技巧如此高明，确实使人钦佩。

读尽可能多的书，为善言做准备

每一本书都给人带来智慧，为自己的能言善辩添砖加瓦，并以此作为通向成功之路的阶梯。

广泛地阅读书籍，是一个人生活上不可欠缺的知识来源。停止学习，只能被社会抛弃，一个“天才”也会变得平庸。

美国副总统亨利·威尔逊出生在一个贫困的家庭里。当他还在摇篮里时，贫穷就已经露出了狰狞的面孔。他深深地体会到，当他向母亲要一片面包而她手中什么也没有时是什么样的滋味。

他在10岁时就离开了家，当了11年的学徒工，每年可以接受一个月的学校教育，最后，在11年的艰辛工作之后，他得到了一头牛和六只绵羊作为报酬。他把它们换成了84美元。从出生一直到21岁那年为止，他从来没有在娱乐上花过一个美元，每个美分都是经过精心计算的。他完全知道拖着疲惫的脚步在漫无尽头的盘山路上行走是什么样的痛苦感觉……

在他21岁生日之后的第一个月，他带着一队人马进入了人迹罕至的大森林里，去采伐那里的大圆木。每天，他都是在天际的第一抹曙光出现之前起床，然后就一直辛勤地工作到天黑后星星探出头来为止。在一个月夜以继日的辛劳努力之后，他获得了6美元作为报酬，当时在他看来这可真是一个大数目啊!每个美元在他眼里都跟今天晚上那又大又圆、银光四溢的月亮一样。

在这样的穷途困境中，威尔逊先生下定决心，不让任何一个发展自我、提升自我的机会溜走。很少有人能像他一样深刻地理解闲暇时光的价值。他像抓住黄金一样紧紧地抓住了零星的时间，不让一分一秒无所作为地从指缝间流走。

在他21岁之前，已经设法读了1000本好书。想想看，对一个农场里的孩子，这是多么艰巨的任务啊!在离开农场之后，他徒步到100英里之外的马萨诸塞州的内蒂克去学习皮匠。他风尘仆仆地经过了波士顿，在那里他可以看见邦克·希尔纪念碑和其他历史名胜。整个旅行只花费了他1美元6美分。

一年之后，他已经在内蒂克的一个辩论俱乐部脱颖而出，成为其中的佼佼者了。后来，他在马萨诸塞州的议会发表了著名的反对奴隶制度的演说，此时距他到这里尚不到8年。12年之后，他与著名的查尔斯·萨姆纳平起平坐，进入了国会。

对于威尔逊来说，每一本书都给他带来了智慧，都为他的能言善辩添了砖加了瓦，并以此作为通向成功之路的阶梯。

第九章

历任美国总统精彩绝伦的激情演讲

华盛顿1789年的就职演讲

参议院和众议院的同胞们：

本月14日收到根据两院指示送达给我的通知，阅悉之余，深感惶恐。

我一生饱经忧患，过去所经历的任何焦虑，皆不如今日之甚。

一方面，因祖国的召唤，要我再度出山，对祖国的号令，我不能不肃然敬从。但退居林下，是我一心向往并早已选定的归宿。我曾满怀奢望，也曾下定决心，在退隐之地度过晚年。对此退隐的居所，除喜爱之外，已经习惯；看到自己的健康因长期操劳，随着时光的流逝而日益衰退之时，对之更感需要和亲切。另一方面，祖国委我以重托，其艰巨而繁重，即使国内最有才智和最有阅历的人士，亦将自感难以胜任，何况我资质鲁钝，又从未担任过政府行政职务，更感德薄能鲜，难当重任。我虽处于此种思想矛盾中，但一直认真致力于正确估量可能影响我执行任务的每一种情况，以确定我的职责，这是我所敢断言的。

我执行任务时，如因往事留有良好的记忆而使我深受其影响，或因我的当选使我深感同胞对我的高度信任，并为此种感情所左右，以致对自己从未担负过的重任，过少考虑自己能力的微薄及缺乏兴趣。我希望，我的动机将减轻我的错误，国人在判断错误的后果时，也会适当考虑因之而产生此种偏颇的根源。

既然这就是我在响应公众召唤就任现职时所抱有的想法，在此举行就职仪式之际，如不虔诚地祈求上帝的帮助实在极欠允当，因为上帝统治着全宇宙，主宰着世界各国，神助人可以弥补凡人的任何缺陷。

愿上帝赐福，保佑美国民众的自由与幸福，及为此目的而组成的政府，并保佑他们的政府在行政管理中顺利完成其应尽的职责。

在向公众和个人幸福的伟大缔造者谢恩之际，我确信，我所表述之意愿同样是诸位及全国同胞的意愿。美国民众尤应向冥冥之中掌管人间一切的神力感恩和致敬。美国民众在取得独立国家地位的过程中，每前进一步，似乎都有天佑的征象。联邦政府制度的重要改革甫告完成；虽然性质不同的集团为数众多，但均能心平气和，互谅互让，经过讨论，卒底于成。如果非我们虔诚的感恩得到回报，如果非过去似乎已经呈现出预兆，使我们可以预期将来的赐福。这种方式是无法与大多数国家组建政府时所采取的方式相比的。在目前这一紧急关头，产生这些想法，确系深有所感而不能自已。我相信你们与我会有同感，即没有任何一个政府像我们这个新的自由政府这样，从一开始就诸事顺利。

根据设立行政机构条款的规定，总统有责任“将他认为必要和有益的措施提请你们考虑”。现在和你们会见的这一场合，我无法详细谈论这个问题，我只想提一提我国的伟大宪法，我们就是根据宪法的规定举行这次会议的。宪法为诸位规定了权力范围，也指出了诸位应该注意的目标。在今天这次大会上，我将不向诸位提出某些具体的建议，而是要颂扬被选出来考虑和采纳这部宪法的代表们的才能、正直和爱国热忱。这样才更适合这次会议的气氛，我的感情也驱使我这样做。我从诸位这些高尚的品德中，看到了最可靠的保证。一方面是，地方偏见或感情以及党派的分歧，都不能转移我们统观全局和一视同仁的视线。我们的视线理应是照顾各方面的大联合和各方面的利益的。在另一方面，我们国家的政策将建筑在纯正不移的个人道德原则的基础上，这个自由政府将以它能博得公民的热爱与全世界的尊重等特点而显示出它的优越性。

我对祖国的热爱，激励我以满怀愉悦的心情展望未来。这是因为，在我国的体制和发展趋势中，出现了又有道德又有幸福；又尽义务又享利益；又有公正和宽仁的方针政策作为切实准则，又有社会繁荣昌盛作为丰硕成果的不可分割的统一。这已是无可争辩的事实。

这也因为，我们已充分认识，上帝决不会将幸福赐给那些把他所规定的秩序和权利的永恒准则弃之如粪土的国家。这还因为，人们已将维护神圣的自由火炬和维护共和政体命运的希望，理所当然地、意义深远地、也许是最后一次地寄托于美国民众所进行的这一实验上。

杰斐逊1801年的就职演讲

朋友们、同胞们：

我应召担任国家的最高行政长官，值此诸位同胞集会之时，衷心感谢大家寄予我的厚爱。诚挚地说，我意识到这项任务非我的能力所及，其责任之重大，本人能力之浅薄，自然使我就任时忧惧交加。一个沃野千里的新兴国家，带着丰富的工业产品跨海渡洋，同那些自恃强权、不顾公理的国家进行贸易，向着世人无法预见的天命疾奔——当我思考这些重大的目标，当我想到这个可爱的国家，其荣誉、幸福和希望都系于这个问题和今天的盛典，我就不敢再想下去，并面对这宏图大业自惭德薄能鲜。确实，若不是在这里见到许多先生们在场，使我想起无论遇到什么困难，都可以向宪法规定的另一高级机构寻找智慧、美德和热忱的源泉，我一定会完全心灰意懒。因此，负有神圣的立法职责的先生们和各位有关人士，我鼓起勇气期望你们给予指引和支持，使我们能够在乱世纷争中同舟共济，安然航行。

在我们过去的意见交锋中，大家热烈讨论，各展所长，这种紧张气氛，有时会使不习惯于自由思想、不习惯于说出或写下自己想法的人感到不安；但如今，这场争论既已由全国的民意作出决定，而且根据宪法的规定予以公布，大家当然会服从法律的意志，妥为安排，为共同的利益齐心协力，大家也会铭记这条神圣的原则；尽管在任何情况下，多数人的意志是起决定作用的，但这种意志必须合理才属公正；少数人享有同等权利，这种权利必须同样受到法律保护，如果侵犯，便是压迫。

因此，同胞们，让我们同心同德地团结起来。让我们在社会交往中和睦如初、恢复友爱，如果没有这些，自由，甚至生活本身都会索然寡味。让我们再想一想，我们已经将长期以来造成人类流血、受苦的宗教信仰上的不宽容现象逐出国土，如果我们鼓励某种政治上的不宽容，其专制、邪恶和可能造成的残酷、血腥迫害均与此相仿，那么我们必将无所收获。当旧世界经历阵痛和骚动，当愤怒的人挣扎着想通过流血、杀戮来寻求失去的自由，那波涛般的激情甚至也会冲击这片遥远而宁静的海岸；对此，人们的感触和忧患不会一样，因而对安全措施的意见就出现了分歧，这些都不足为奇。但是，各种意见分歧并不都是原则分歧。我们以不同的名字呼唤同一原则的兄弟。我们都是共和党人，我们都是联邦党人，如果我们当中有人想解散这个联邦，或者想改变它的共和体制，那就让他们不受干扰而作为对平安的纪念碑吧。因为有了平安，错误的意见就可得到宽容，理性就得以自由地与之抗争。诚然，我知道，有些正直人士担心共和制政府无法成为强有力的政府，担心我们这个政府不够坚强；但是，在实验取得成功的高潮中，一个诚实的爱国者，难道会因为一种假设的和幻想的疑惧，就以为这个被世界寄予最大希望的政府可能需要力量才得以自存，因而就放弃这个迄今带给我们自由和坚定的政府吗？我相信不会。相反，我相信这是世界上最坚强的政府。我相信唯有在这种政府的治理下，每个人才会响应法律的号召，奔向法律的旗帜下，像对待切身利益那样，迎击侵犯公共秩序的举动：有时我们听到一种说法：不能让人们自己管理自己。那么，能让他去管理别人吗？或者我们在统治人民的君王名单中发现了天使吗？这个问题，就让历史来回答吧！

因此，让我们以勇气和信心，追求我们自己的联邦与共和原则，拥戴联邦与代议制政府。我们受惠于大自然和大洋的阻隔，幸免于地球上四分之一地区发生的那场毁灭性浩劫；我们品格高尚，不能容忍他人的堕落；我们天赐良邦，其幅员足以容纳子孙万代；我们充分认识到在发挥个人才干、以勤劳换取收入、受到同胞的尊敬与信赖上，大家享有平等的权利，但这种尊敬和信赖不是出于门第，而是出于我们的行为和同胞的评判；我们受到仁慈的宗教的启迪，尽管教派不同，形式各异，但它们都教人以正直、忠诚、节制、恩义和仁爱；我们承认和崇拜全能的上帝，而天意表明，他乐于使这里的人们得到幸福，今后还将得到更多的幸福——我们有了这些福祉，还需要什么才能够使我们成为快乐而兴旺的民族呢？公民们，我们还需要一件，那就是贤明而节俭的政府，它会制止人们相互伤害，使他们自由地管理自己的实业和进步活动，它不会侵夺人们的劳动果实。这就是良好政府的集粹，这也是我们达到幸福圆满之必需。

同胞们，我即将履行职责，这些职责包括你们所珍爱的一切。因此，你们应当了解我所认为的政府基本原则是什么，确定其行政依据的原则又是什么。我将尽量简明扼要地加以叙述，只讲一般原则，不讲其种种限制。实行人人平等和真正的公平，而不论其宗教或政治上的地位或派别；同所有国家和平相处、商务往来、真诚友好，而不与任何国家结盟，维护各州政府的一切权利，将它们作为我国最有权能的内政机构，和抵御反共和制趋势的最可靠屏障；维持全国政府在宪制上的全部活力，将其作为国内安定和国际安全的最后依靠；忠实地维护人民的选举权——将它作为一种温和而稳妥的矫正手段，对革命留下的、尚无和平补救办法的种种弊端予以矫正；绝对同意多数人的决定，因为这是共和制的主要原则，反之，不诉诸舆论而诉诸武力乃是专制的主要原则和直接根源；建立一支训练有素的民兵，作为平时和战争初期的最好依靠，直到正规军来接替；实行文职权高于军职权；节约政府开支，减轻劳工负担；诚实地偿还债务，庄严地维护政府信誉；鼓励农业，辅之以商业；传播信息，以公众理智力准绳补偏救弊；实行宗教自由；实行出版自由和人身自由，根据人身保护法和公正选出的陪审团进行审判来保证人身自由。这些原则构成了明亮的指路星辰，它在我们的前方闪耀，指引我们经历了革命和改革时朗，先哲的智慧和英雄的鲜血都曾为实现这些原则作出过奉献，这些原则应当是我们的政治信条，公民教育的课本，检验我们所信仰的人的工作的试金石，如果我们因一时错误或惊恐而偏离这些原则，那就让我们赶紧回头，重返这唯一通向和平、自由和安全的大道。

各位同胞，我即将担当起你们委派给我的职务。根据我担任许多较低职务的经验，我已经意识到这是最艰巨的职务，因此，我能够预期，当一个并非尽善尽美的人从这个职位卸任时，很少能像就任时那样深受众望。我不敢奢望大家如同信任我们第一位最伟大的革命元勋那样对我高度信任，因为他的卓著功勋使他最有资格受到全国的爱戴，使他在忠实的史书中占有最辉煌的一页，我只要求大家给我相当的信任，使人足以坚定地、有效地依法管理大家的事务。由于判断有误，我会常常犯错误。即使我是正确的，那些不是站在统筹全局的立场上看问题的人，也会常常认为我是错误的，我请求你们宽容我自己犯的错误，而这些错误决不是故意犯的，我请求你们支持我反对别人的错误，而这些人如果通盘考虑，也是决不会犯的。从投票结果来看，大家对我的过去甚为嘉许，这对我是莫大的安慰；今后我所渴望的是，力求赐予我好评的各位能保持这种好评，在我职权范围内为其他各位效劳以赢得他们的好评，并为所有同胞们的幸福和自由而尽力。

现在，我仰承各位的好意，恭顺地就任此职，一旦你们觉得需要作出你们有权作出的更好的选择，我便准备辞去此职。愿主宰天地万物命运的上帝引导我们的机构臻于完善，并为大家的和平与昌盛，赐给它一个值得赞许的结果。

林肯1861年的就职演讲

我今天正式宣誓时，并没有保留意见，也无意以任何苛刻的标准来解释宪法和法律，尽管我不想具体指明国会通过的哪些法案是适合施行的，但我确实要建议，所有的人，不论处于官方还是私人的地位，都得遵守那些未被废止的法令，这比泰然自若地认为其中某个法案是违背宪法的而去触犯它，要稳当得多。

自从第一任总统根据我国宪法就职以来已经72年了。在此期间，有15位十分杰出的公民相继主持了政府的行政部门。他们在许多艰难险阻中履行职责，大致说来都很成功。然而，虽有这样的先例，我现在开始担任这个按宪法规定任期只有短暂4年的同一职务时，却处在巨大而特殊的困难之下。联邦的分裂，在此以前只是一种威胁，现在却已成为可怕的行动。

从一般法律和宪法角度来考虑，我认为由各州组成的联邦是永久性的。在合众国政府的根本法中，永久性即使没有明确规定，也是不言而喻的。我们有把握说，从来没有哪个正规政府在自己的组织法中列入一项要结束自己执政的条款。继续执行我国宪法明文规定的条款，联邦就将永远存在，毁灭联邦是办不到的，除非采取宪法本身未予规定的某种行动。再者：假如合众国不是名副其实的政府，而只是具有契约性质的各州的联盟，那么，作为一种契约，这个联盟能够毫无争议地由违约各方中的少数加以取消吗？缔约的一方可以违约——也可以说毁约——但是，合法地废止契约难道不需要缔约各方全都同意吗？从这些一般原则往下推，我们认为，从法律上来说，联邦是永久性的这一主张已经为联邦本身的历史所证实。联邦的历史比宪法长久得多。事实上，它在1774年就根据《联合条款》组成了。1776年，《独立宣言》使它臻于成熟并持续下来。1778年《邦联条款》使联邦愈趋成熟，当时的13个州都信誓旦旦地明确保证联邦应该永存，最后，1787年制定宪法时所宣布的目标之一就是“建设更完善的联邦”。

但是，如果联邦竟能由一个州或几个州按照法律加以取消的话，那么联邦就不如制宪前完善了，因为它丧失了永久性这个重要因素。

根据这些观点，任何一个州都不能只凭自己的想法就能合法地脱离联邦；凡为此目的而作出的决议和法令在法律上都是无效的，任何一个州或几个州反对合众国当局的暴力行动都应根据情况视为叛乱或革命。因此，我认为，根据宪法和法律，联邦是不容分裂的；我将按宪法本身明确授予我的权限，就自己能力所及，使联邦法律得以在各州忠实执行。我认为这仅仅是我份内的职责，我将以可行的方法去完成，除非我的合法主人——美国人民，不给予我必要的手段，或以权威的方式作出相反的指示，我相信大家不会把这看作是一种威胁，而只看作是联邦已宣布过的目标：它将按照宪法保卫和维护它自身。

以自然条件而言，我们是不能分开的，我们无法把各个地区彼此挪开，也无法在彼此之间筑起一堵无法逾越的墙垣。夫妻可以离婚，不再见面，互不接触，但是我们国家的各个地区就不可能那样做。它们仍得面对面地相处，它们之间还得有或者友好或者敌对的交往。那么，分开之后的交往是否可能比分开之前更有好处，更令人满意呢？外人之间订立条约难道还比朋友之间制定法律容易吗？外人之间执行条约难道还比朋友之间执行法律忠实吗？假定你们进行战争，你们不可能永远打下去；在双方损失惨重，任何一方都得不到好处之后，你们就会停止战斗，那时你们还会遇到诸如交往条件之类的老问题。

总统的一切权力来自人民，但人民没有授权给他为各州的分离规定条件。如果人民有此意愿，那他们可以这样做，而作为总统来说，则不可能这样做。他的责任是管理交给他的这一届政府，并将它完整地移交给他的继任者。

为什么我们不能对人民所具有的最高的公正抱有坚韧的信念呢？世界上还有比这更好或一样好的希望吗？在我们日前的分歧中，难道双方都缺乏相信自己正确的信心吗？如果全能的主宰以其永恒的真理和正义支持你北方这一边，或者支持你南方这一边，那么，那种真理和那种正义必将通过美国人民这个伟大法庭的裁决而取得胜利。

就是这些美国人民，通过我们现有的政府结构，明智地只给他们的公仆很小的权力，使他们不能为害作恶，并且同样明智地每隔很短的时间就把那小小的权力收回到自己手中。只要人民保持其力量和警惕，无论怎样作恶和愚蠢的执政人员都不能在短短4年的任期内十分严重地损害政府。我的同胞们，大家平静而认真地思考整个这一问题吧。任何宝贵的东西都不会因为从容对待而丧失，假使有一个目标火急地催促你们中随便哪一位采取一个措施，而你决不能不慌不忙，那么那个目标会因从容对待而落空；但是，任何好的目标是不会因为从容对待而落空的，你们现在感到不满意的人仍然有着原来的、完好无损的宪法，而且，在敏感问题上，你们有着自己根据这部宪法制定的各项法律；而新的一届政府即使想改变这两种情况，也没有直接的权力那样做。那些不满意的人在这场争论中即使被承认是站在正确的一边，也没有一点正当理由采取鲁莽的行动。理智、爱国精神、基行教义以及对从不抛弃这片幸福土地的上帝的信仰，这些仍然能以最好的方式来解决我们目前的一切困难。不满意的同胞们，内战这个重大问题的关键掌握在你们手中，而不掌握在我手中，政府不会对你们发动攻击。你们不当挑衅者，就不会面临冲突。你们没有对天发誓要毁灭政府，而我却要立下最庄严的誓言：

“坚守、维护和捍卫合众国宪法。”

我不愿意就此结束演说。我们不是敌人，而是朋友。我们一定不要成为敌人。尽管情绪紧张，也决不应割断我们之间的感情纽带。记忆的神秘琴弦，从每一个战场和爱国志士的坟墓，伸向这片广阔土地上的每一颗跳动的心和家庭，必将再度被我们善良的天性所拨响，那时就会高奏起联邦大团结的乐章。

罗斯福1933年的就职演讲

我肯定，同胞们都期待我在就任总统时，会像我国目前形势所要求的那样，坦率而果断地向他们讲话。现在正是坦白、勇敢地说出实话，说出全部实话的最好时刻，我们不必畏首畏尾，要老老实实面对我国今天的情况，这个伟大的国家会一如既住地坚持下去，它会复兴和繁荣起来。因此，让我首先表明我的坚定信念：我们唯一不得不害怕的就是害怕本身——一种莫明其妙的、丧失理智的、毫无根据的恐惧，它会把转退为进所需的种种努力化为泡影。凡在我国生活阴云密布的时刻，坦率而有活力的领导都得到过人民的理解和支持，从而为胜利准备了必不可少的条件。我相信，在目前危急时刻，大家会再次给予同样的支持。我和你们都要以这种精神，来面对我们共同的困难。感谢上帝，这些困难只是物质方面的。价值难以想象地贬缩了；课税增加了，我们的支付能力下降了；各级政府面临着严重的收入短缺；交换手段在贸易过程中遭到了冻结；工业企业枯萎的落叶到处可见；农场主的产品找不到销路；千家万户多年的积蓄付之东流。

更重要的是，大批失业同胞正面临严峻的生育问题，还有大批同胞正以艰辛的劳动换取微薄的报酬。只有愚蠢的乐天派会否认当前这些阴暗的现实。但是，我们的苦恼决不是因为缺乏物资。我们没有遭到什么蝗虫灾害。

我们的先辈曾以信念和无畏一次次转危为安，比起他们经历过的险阻，我们仍大可感到欣慰。大自然仍在给予我们恩惠，人类的努力已使之倍增。富足的情景近在咫尺，但就在我们见到这种情景的时候，宽裕的生活却悄然离去。这主要是因为主宰人类物资交换的统治者们失败了，他们固执己见而又无能为力，因而已经认定失败，并撒手不管了，贪得无厌的货币兑换商的种种行径，将受到舆论法庭的起诉，将受到人类心灵和理智的唾弃。

幸福并不在于单纯地占有金钱；幸福还在于取得成就后的喜悦，在于创造性努力时的激情。务必不能再忘记劳动带来的喜悦和激励，而去疯狂地追逐那转瞬即逝的利润。如果这些暗淡的时日能使我们认识到，我们真正的天命不是要别人侍奉，而是为自己和同胞们服务，那么，我们付出的代价就完全是值得的。认识到把物质财富当成成功的标准是错误的，我们会抛弃以地位尊严和个人收益为唯一标准，来衡量公职和高级政治地位的错误信念，我们必须制止银行界和企业界的一种行为，它常常使神圣的委托混同于无情和自私的不正当行为，难怪信心在减弱，因为增强信心只有靠诚实、荣誉感、神圣的责任感，忠实地加以维护和无私地履行职责，而没有这些，就不可能有信心。

但是，复兴不仅仅要求改变伦理观念，还要求这个国家行动起来，现在就行动起来。

根据宪法赋予我的职责，我准备提出一些措施，而一个受灾世界上的受灾国家也许需要这些措施。对于这些措施，以及国会根据本身的经验和智慧可能制订的其他类似措施，我将在宪法赋予我的权限内，设法迅速地予以采纳。

但是，如果国会拒不采纳这两条路线中的一条，如果国家紧急情况依然如故，我将不回避我所面临的明确的尽责方向。我将要求国会准许我使用唯一剩下的手段来应付危机——向非常情况开战的广泛的行政权，就像我们真地遭到外敌入侵时授予我那样的广泛权力。

对大家寄予我的信任，我一定报以时代所要求的勇气和献身精神，我会竭尽全力。

让我们正视面前的严峻岁月，怀着举国一致给我们带来的热情和勇气，怀着寻求传统的、珍贵的道德观念的明确意识，怀着老老少少都能通过恪尽职守而得到的问心无愧的满足。我们的国标是要保证国民生活的圆满和长治久安。

我们并不怀疑基本民主制度的未来。合众国人民并没有失败。他们在困难中表达了自己的委托，即要求采取直接而有力的行动。他们要求有领导的纪律和方向。他们现在选择了我作为实现他们的愿望的工具。我接受这份厚赠。

在此举国奉献之际，我们谦卑地请求上帝赐福。愿上帝保佑我们大家和每一个人，愿上帝在未来的日子里指引我。

杜鲁门1949年的就职演讲

我国历史上的各个时期都面临过特殊的挑战。我们现在面临的挑战和过去面临的任何挑战一样严重，今天不仅标志着一届新政府的起点，而且标志着一个新时期的开始。对我们来说，对整个世界来说，这个时期是个多事之秋，也许还将是决定性的岁月。也许命运注定我们要去体验，或者在更大程度上是去促成人类漫长历史中的一个重大转折。本世纪上半叶的特点是，人权遭到史无前例的粗暴践踏，并经历了历史上最可怕的两场战争。我们这个时代最迫切的需要是学会和睦相处。

世界各国人民都怀着忐忑不安的心情面对着未来，他们既充满希望又满怀忧虑。在这疑虑的时刻，他们比以往任何时候更期待着合众国的善意、力量以及明智的领导。

因此，我们审时度势，利用这一时机向全世界宣布指导我们生活的信念的基本原则，向所有的民族宣布我们的目标。

在今后几年，我们的和平自由纲领将着重于四项主要的行动方针。

第一，我们将继续坚定不移地支持联合国及其有关机构，继续寻求各种方法来加强这些机构的权威和增加这些机构的效率。今天，不少新的国家正在成立，正在民主原则的指引下向自治方向迈进，我们相信，联合国将因这些新国家而得到加强。

第二，我们将继续执行我们制订的世界经济复兴计划。

这意味着我们必须首先全力支持欧洲复兴计划。对于世界复兴中这一重大事业的成功，我们充满了信心。我们相信，通过这项工作，我们的伙伴将再一次取得自给国家的地位。此外，我们还必须执行为减少世界贸易壁垒、增加世界贸易额而制订的计划。经济复兴与和平本身都取决于世界贸易的增加。

第三，我们要加强热爱自由的国家的力量，以抵御侵略的威胁。

我们和许多国家一起，正在为增加北大西洋地区的安全而起草一项共同协议。这种协议将根据联合国宪章的规定，采取集体防御协定的形式。

我们已经根据里约热内卢公约为西半球建立了这样一个防御同盟。

这些协议的主要目的是明确表示自由国家抵抗来自任何地方的武装进攻的共同决心。参加这些协议的每个国家必须为共同防御贡献出全部力量。

如果我们能预先充分地表明，任何影响到我们国家安全的武装进攻必将遭到强大的抵抗，那么武装进攻也许就永远不会发生。

我希望关于北大西洋安全计划的条约不久将呈送参议院。

此外，我们还将向在维护和平与安全时同我们进行合作的自由国家，提供军事顾问和军事装备。

第四，我们必须着手拟定一项大胆的新计划，使不发达地区的进步与发展能受益于我们的先进的科学和发达的工业。

全世界半数以上的人口正濒临悲惨的境地，他们食不果腹、疾患加身。他们的经济生活原始落后，滞缀不振。无论对于他们自己还是对于比较繁荣的地区来说，他们的贫困既是一种阻碍又是一种威胁。

人类有史以来第一次掌握了能解除这些人苦难的知识和技术。

合众国在工业和科学技术发展方面居各国之首。尽管我们用来援助其他国家人民的物质资源是有限的，但我们在技术知识方面的资源却是无法估量的，是不断增长和用之不竭的。

我认为，为了帮助各个爱好和平的民族实现他们对美好生活的愿望，我们应该使他们受惠于我们丰富的技术知识。同时，我们还应该和其他国家合作，支持对急待开发的地区进行投资。

我们的目标应该是帮助世界上各个自由民族通过他们自己的努力，生产更多的食物，更多的衣物，更多的建筑材料，以及更多的机器来减轻他们的负担。

我们吁请其他国家汇集他们的技术力量以进行这项工作。我们热烈欢迎他们作出贡献。这应该是一种合作事业，所有国家通过联合国及其专门机构在任何可行的方面为此共同工作。这必须是在世界范围内为实现和平、繁荣和自由而作出的努力。

在我国企业、私人资本、农业和劳工等方面的协作下，这一计划能够极大促进其他国家的工业活动，从实质上提高他们的生活水平。

这种新的经济发展必须加以规划和控制，从而使被开发地区的人民有所得益。在保证投资者利益的同时，必须兼顾人民的利益，因为在这些经济发展中倾注着人民的才智和劳动。

在我们的计划中，剥削他国利润的老牌帝国主义没有立足之地。我们拟定的是一个以民主的公平交易的概念为基础的发展规划。

所有国家，包括我国在内，将极大地受益于为更合理地使用世界上的人力资源和自然资源而制订的一项建设性计划。经验证明，我们同其他国家的贸易将随着这些国家在工业和经济上的发展而扩大。

提高生产是繁荣与和平的关键，而提高生产的关键是更广泛、更积极地运用现代科学技术知识。

人类大家庭只有通过帮助最不幸的成员自助，才能享受体面的、令人满意的生活，而所有人都有权过上这样的生活。

只有民主政治才能产生生机勃勃的力量，以激励世界人民不仅为反抗人类的压迫者，而且反抗人类古老的敌人——饥饿、贫困、失望——而斗争。

根据这四项主要的行动方针，我们希望有助于创造各种条件，最终实现个人自由和全人类的幸福。

肯尼迪1961年的就职演讲

首席法官先生、艾森豪威尔总统、尼克松副总统、杜鲁门总统、尊敬的牧师、各位公民：

今天我们庆祝的不是政党的胜利，而是自由的胜利。这象征着一个结束，也象征着一个开端，表示了一种更新，也表示了一种变革。因为我已在你们和全能的上帝面前，宣读了我们的先辈在170多年前拟定的庄严誓言。现在的世界已大不相同了，人类的巨手掌握着既能消灭人间的各种贫困，又能毁灭人间的各种生活的力量。但我们的先辈为之奋斗的那些革命信念，在世界各地仍然有着争论。这个信念就是：人的权利并非来自国家的慷慨，而是来自上帝的恩赐。

今天，我们不敢忘记我们是第一次革命的继承者。让我们的朋友和敌人同样听见我此时此地的讲话：火炬已经传给新一代美国人。这一代人在本世纪诞生，在战争中受过锻炼，在艰难困苦的和平时期受过陶冶，他们为我国悠久的传统感到自豪——他们不愿目睹或听任我国一向保证的、今天仍在国内外作出保证的人权渐趋毁灭。

让每个国家都知道——不论它希望我们繁荣还是希望我们衰落——为确保自由的存在和自由的胜利，我们将付出任何代价，承受任何负担，应付任何艰难，支持任何朋友，反抗任何敌人。

这些就是我们的保证——而且还有更多的保证。

对那些和我们有着共同文化和精神渊源的老盟友，我们保证待以诚实朋友那样的忠诚。我们如果团结一致，就能在许多合作事业中无往而不胜；我们如果分歧对立，就会一事无成——因为我们不敢在争吵不休、四分五裂时迎接强大的挑战。

对那些我们欢迎其加入到自由行列中来的新国家，我们恪守我们的誓言：决不让一种更为残酷的暴政来取代一种消失的殖民统治。我们并不总是指望他们会支持我们的观点。但我们始终希望看到他们坚强地维护自己的自由——而且要记住，在历史上，凡愚蠢地骑在虎背上谋求权力的人，都是以葬身虎口而告终的。

对世界各地身居茅舍和乡村、为摆脱普遍贫困而斗争的人们，我们保证尽量努力地帮助他们自立，不管需要花多长时间——之所以这样做，并不是因为共产党可能正在这样做，也不是因为我们需要他们的选票，而是因为这样做是正确的，自由社会如果不能帮助众多的穷人，也就无法保全少数富人。

对我国南面的姐妹共和国，我们提出一项特殊的保证——在争取进步的新同盟中，把我们善意的话变为善意的行动，帮助自由的人们和自由的政府摆脱贫困的枷锁。但是，这种充满希望的和平革命决不可以成为敌对国家的牺牲品。我们要让所有邻国都知道，我们将和他们在一起，反对在美洲任何地区进行侵略和颠覆活动。让所有其他国家都知道，本半球的人仍然想做自己家园的主人。

联合国是主权国家的世界性议事机构，是我们在战争手段大大超过和平手段的时代里最后的、最美好的希望所在。因此，我们重申予以支持；防止它仅仅成为谩骂的场所；加强它对新生国家和弱小国家的保护；扩大它的行使法令的管束范围。

最后，对那些想与我们作对的国家，我们提出一个要求而不是一项保证：在科学释放出可怕的破坏力量，把全人类卷入到预谋的或意外的自我毁灭的深渊之前，让我们双方重新开始寻求和平。

我们不敢以怯弱来引诱他们。因为只有当我们毫无疑问地拥有足够的军备，我们才能毫无疑问地确信永远不会使用这些军备。

但是，这两个强大的国家集团都无法从目前所走的道路中得到安慰——发展现代武器所需的费用使双方负担过重，致命的原子武器的不断扩散理所当然使双方忧心忡忡。但是，双方却在争着改变那制止人类发动最后战争的不稳定的恐怖均势。因此，让我们双方重新开始——双方都要牢记。礼貌并不意味着怯弱，诚意永远有待于验证。让我们决不要由于畏惧而谈判。但我们决不能畏惧谈判。

让双方都来探讨使我们团结起来的问题，而不要操劳那些使我们分裂的问题。

让双方首次为军备检查和军备控制制订认真而又明确的提案，把毁灭他国的绝对力量置于所有国家的绝对控制之下。

让双方寻求利用科学的奇迹，而不是乞灵于科学造成的恐怖。让我们一起探索星球，征服沙漠，根除疾患，开发深海，并鼓励艺术和商业的发展。

让双方团结起来，在全世界各个角落倾听以赛亚的训令——“解下轭上的索，使被欺压的得自由。”

如果合作的滩头阵地的逼退猜忌的丛林，那么就让双方共同作一次新的努力：不是建立一种新的均势，而是创造一个新的法治世界，在这个世界中，强者公正，弱者安全，和平将得到维护。

所有这一切不可能在第一个一百天内完成，也不可能在第一个一千天或者在本届政府任期内完成，甚至也许不可能在我们居住在这个星球上的有生之年内完成。但是，让我们开始吧。

同胞们，我们方针的最终成败与其说掌握在我手中，不如说掌握在你们手中。自从合众国建立以来，每一代美国人都曾受到召唤去证明他们对国家的忠诚。响应召唤而献身的美国青年的坟墓遍及全球。

现在，号角已再次吹响——不是召唤我们拿起武器，虽然我们需要武器，不是召唤我们去作战，虽然我们严阵以待。它召唤我们为迎接黎明而肩负起漫长斗争的重任，年复一年，“从希望中得到欢乐，在苦难中保持坚韧”，去反对人类共同的敌人——专制、贫困、疾病和战争本身。

为反对这些敌人，确保人类更为丰裕的生活，我们能够组成一个包括东西南北各方的全球大联盟吗？你们愿意参加这一历史性的努力吗？

在漫长的世界历史中，只有少数几代人在自由处于最危急的时刻被赋予保卫自由的责任。我不会推卸这一责任，我欢迎这一责任。我不相信我们中间有人想同其他人或其他时代的人交换位置。我们为这一努力所奉献的精力、信念和忠诚，将照亮我们的国家和所有为国效劳的人，而这火焰发出的光芒定能照亮全世界。

因此，美国同胞们，不要问国家能为你们做些什么，而要问你们能为国家做些什么。

全世界的公民们，不要问美国将为你们做些什么，而要问我们共同能为人类的自由做些什么。

最后，不论你们是美国公民还是其他国家的公民，你们应该要求我们献出我们同样要求于你们的高度力量和牺牲。问心无愧是我们唯一可靠的奖赏，历史是我们行动的最终裁判，让我们走向前去，引导我们所珍爱的国家。我们祈求上帝的福佑和帮助，但我们知道，确切地说，上帝在尘世的工作必定是我们自己的工作。

尼克松1969年的就职演讲

历史的每一个时刻转瞬即逝，它既珍贵又独特。可是，其中某些显然是揭开序幕的时刻，此时，一代先河得以开创，它决定了未来数十年或几个世纪的航向。

现在可能就是这样一个时刻。

现在，各方力量正在汇聚起来，使我们第一次可以期望人类的许多夙愿最终能够实现。

不断加快的变革速度，使我们能在我们这一代期望过去花了几百年才出现的种种进步。

由于开辟了太空的天地，我们在地球上也发现了新的天地。

由于世界人民希望和平，而世界各国领袖害怕战争，因此，目前形势第一次变得有利于和平。

从现在起，再过8年，美国将庆祝建国200周年。在现在大多数人的有生之年，人类将庆祝千载难逢的、辉煌无比的新年——第三个百年盛世的开端。

我们的国家将变成怎样的国家，我们将生活在怎样的世界上，我们要不要按照我们的希望铸造未来，这些都将由我们根据自己的行动和选择来决定。

历史所能赐予我们的最大荣誉，莫过于和平缔造者这一称号。这一荣誉现在正在召唤美国——这是领导世界最终脱离动乱的幽谷，走向自文明开端以来人类一直梦寐以求的和平高坛的一个机会。

我们若获成功，下几代人在谈及现在在世的我们时会说，正是我们掌握了时机，正是我们协力相助，才使普天之下国泰民安。

这是要我们创立宏伟大业的召唤。

我相信，美国人民准备响应这一召唤。

经过一段对抗时期，我们正进入一个谈判时代。

让所有国家都知道，在本届政府任期内，交流通道是敞开的。

我们谋求一个开放的世界——对各种思想开放，对物资和人员的交流开放，在这个世界中，任何民族，不论大小，都不会生活在怏怏不乐的孤立之中。

我们不能指望每个人都成为我们的朋友，可是我们能设法使任何人都不与我们为敌。

我们邀请那些很可能是我们对手的人进行一场和平竞赛——不是要征服领土或扩展版图，而是要丰富人类的生活。

在探索宇宙空间的时候，让我们一起走向新的世界——不是走向被征服的新世界，而是共同进行一次新的探险。

让我们同那些愿意加入这一行列的人共同合作，减少军备负担，加固和平大厦，提高贫穷挨饿的人们的生活水平。

但是，对所有那些见软就欺的人来说，让我们不容置疑地表明，我们需要多么强大就会多强大：需要强大多久，就会强大多久。

自从我作为新当选的国会议员首次来到国会大厦之后的20多年来，我已经出访过世界上大多数国家。

我结识了世界各国的领导人，了解到使世界陷于四分五裂的各种强大势力，各种深仇大恨，各种恐惧心理。

我知道，和平不会单凭愿望就能到来——这需要日复一日，甚至年复一年地进行耐心而持久的外交努力，除此别无他法。

我也了解世界各国人民。

我见到过无家可归的儿童在忍饥挨饿，战争中挂彩负伤的男人在痛苦呻吟，失去孩子的母亲在无限悲伤。我知道，这些并没有意识形态和种族之分。

我了解美国。我了解美国的心是善良的。

我从心底里，从我国人民的心底里，向那些蒙受不幸和痛苦的人们表达我们的深切关怀。

今天，我在上帝和我国同胞面前宣誓，拥护和捍卫合众国宪法。除了这一誓言，我现在还要补充一项神圣的义务：我将把自己的职责、精力以及我所能使唤的一切智慧，一并奉献给各国之间的和平事业。

让强者和弱者都能听到这一信息：

我们企求赢得的和平不是战胜任何一个民族，而是"和平天使"带来的为治愈创伤的和平；是对遭受苦难者予以同情的和平；是对那些反对过我们的人予以谅解的和平；是地球上各族人民都有选择自己命运的机会的和平。

就在几星期以前，人类如同上帝凝望这个世界一样，第一次端视了这个世界，一个在冥冥黑暗中辉映发光的独特的星球。我们分享了这一荣光。

阿波罗号上的宇航员在圣诞节前夕飞越月球灰色的表面时，向我们说起地球的美丽——从穿过时空而传来的如此清晰的声音中，我们听到他们在祈祷上帝赐福人间。

在那一时刻，他们从月球上发出的意愿，激励着诗人阿奇博尔德·麦克利什写下了这样的篇章：

"在永恒的宁静中，那渺小、斑斓、美丽的地球在浮动。要真正地观望地球，就得把我们自己都看作是地球的乘客，看作是一群兄弟，他们共处于漫漫的、寒冷的宇宙中。仰赖着光明的挚爱——这群兄弟懂得，而今他们是真正的兄弟。”

在那个比技术胜利更有意义的时刻，人们把思绪转向了家乡和人类——他们从那个遥远的视角中发现，地球上人类的命运是不能分开的；他们告诉我们，不管我们在宇宙中走得多远，我们的命运不是在别的星球上，而是在地球上，在我们自己手中，在我们的心头。

我们已经度过了一个反映美国精神的漫漫长夜。可是，当我们瞥见黎明前的第一缕曙光，切莫诅咒那尚未消散的黑暗。让我们迎接光明吧。

我们的命运所赐予的不是绝望的苦酒，而是机会的美餐。因此，让我们不是充满恐惧，而是满怀喜悦地去抓住这个机会吧——“地球的乘客们”，让我们以坚定的信念，朝着稳定的目标，在提防着危险中前进吧！我们对上帝的意志和人类的希望充满了信心，这将使我们持之以恒。

里根1981年的就职演说

议员海特菲尔德先生、法官先生、总统先生、副总统布什、蒙代尔先生、议员贝克先生、发言人奥尼尔先生、尊敬的摩麦先生，以及广大支持我的美国同胞们：

今天对于我们中间的一些人来说，是一个非常庄严隆重的时刻。当然，对于这个国家的历史来说，却是一件普通的事情。按照宪法要求，政府权力正在有序地移交，我们已经如此“例行公事”了两个世纪，很少有人觉得这有什么特别的。但在世界上更多人看来，这个我们已经习以为常的四年一次的仪式，却实在是一个奇迹。

总统先生，我希望我们的同胞们都能知道你为了这个传承而付出的努力。通过移交程序中的通力合作，你向观察者展示了这么一个事实：我们是发誓要团结起来维护这样一个政治体制的团体，这样的体制保证了我们能够得到比其他政体更为广泛的个人自由。同时我也要感谢你和你的伙伴们的帮助，因为你们坚持了这样的传承，而这恰恰是我们共和国的根基。

我们国家的事业在继续前进。合众国正面临巨大的经济困难。我们遭遇到我国历史上历时最长、最严重之一的通货膨胀，它扰乱着我们的经济决策，打击着节俭的风气，压迫着正在挣扎谋生的青年人和收入固定的中年人，威胁着要摧毁我国千百万人民的生计。

停滞的工业使工人失业、蒙受痛苦并失去了个人尊严。即使那些有工作的人，也因税收制度的缘故而得不到公正的劳动报酬，因为这种税收制度使我们无法在事业上取得成就，使我们无法保持充分的生产力。

尽管我们的纳税负担相当沉重，但还是跟不上公共开支的增长。数十年来，我们的赤字额屡屡上升，我们为图目前暂时的方便，把自己的前途和子孙的前途抵押出去了。这一趋势如果长此以往，必然引起社会、文化、政治和经济等方面的大动荡。

作为个人，你们和我可以靠借贷过一种入不敷出的生活，然而只能维持一段有限的时间，我们怎么可以认为，作为一个国家整体，我们就不应受到同样的约束呢？为了保住明天，我们今天就必须行动起来。大家都要明白无误地懂得——我们从今天起就要采取行动。

我们深受其害的经济弊病，几十年来一直袭击着我们。这些弊病不会在几天、几周或几个月内消失，但它们终将消失。它们之所以终将消失，是因为我们作为现在的美国人，一如既往地有能力去完成需要完成的事情，以保存这个最后而又最伟大的自由堡垒。

在当前这场危机中，政府的管理不能解决我们面临的问题。政府的管理就是问题所在。

我们时常误以为，社会已经越来越复杂，已经不可能凭借自治方式加以管理，而一个由杰出人物组成的政府要比民享、民治、民有的政府高明。可是，假如我们之中谁也管理不了自己，那么，我们之中谁还能去管理他人呢？

我们大家——不论政府官员还是平民百姓——必须共同肩负起这个责任，我们谋求的解决办法必须是公平的，不要使任何一个群体付出较高的代价。

我们听到许多关于特殊利益集团的谈论，然而。我们必须关心一个被忽视了太久的特殊利益集团。这个集团没有区域之分，没有人种之分，没有民族之分，没有政党之分，这个集团由许许多多的男人与女人组成，他们生产粮食，巡逻街头，管理厂矿，教育儿童，照料家务和治疗疾病。他们是专业人员、实业家、店主、职员、出租汽车司机和货车驾驶员。总而言之，他们就是“我们人民”——这个称之为美国人的民族。

本届政府的目标是必须建立一种健全的、生气勃勃的和不断发展的经济，为全体美国人民提供一种不因偏执或歧视而造成障碍的均等机会，让美国重新工作起来，意味着让全体美国人重新工作起来。制止通货膨胀，意味着让全体美国人从失控的生活费用所造成的恐惧中解脱出来。人人都应分担“新开端”的富有成效的工作，人人都应分享经济复苏的硕果。我国制度和力量的核心是理想主义和公正态度，有了这些，我们就能建立起强大、繁荣、国内稳定并同全世界和平相处的美国。

因此，在我们开始之际，让我们看看实际情况。我们是一个拥有政府的国家——而不是一个拥有国家的政府。这一点使我们在世界各国中独树一帜，我们的政府除了人民授予的权力，没有任何别的权力。目前，政府权力的膨胀已显示出超过被统治者同意的迹象，制止并扭转这种状况的时候到了。

我打算压缩联邦机构的规模和权力，并要求大家承认联邦政府被授予的权力同各州或人民保留的权利这两者之间的区别。我们大家都需要提醒：不是联邦政府创立了各州，而是各州创立了联邦政府。因此，请不要误会，我的意思不是要取消政府，而是要它发挥作用——同我们一起合作，而不是凌驾于我们之上；同我们并肩而立，而不是骑在我们的背上。政府能够而且必须提供机会，而不是扼杀机会；它能够而且必须促进生产力，而不是抑制生产力。

如果我们要探究这么多年来，我们为什么能取得这么大的成就，并获得了世界上任何一个民族未曾获得的繁荣昌盛，其原因就是在这片土地上，我们使人类的能力和个人的才智得到了前所未有的发挥。在这里，个人所享有并得以确保的自由和尊严超过了世界上任何其他地方。为这种自由所付出的代价有时相当高昂，但我们从来没有不愿意付出这代价。

我们目前的困难，与政府机构因为不必要的过度膨胀而干预、侵扰我们的生活同步增加，这决不是偶然的巧合。我们是一个泱泱大国，不能自囿于小小的梦想， 现在正是认识到这一点的时候。我们并非注定走向衰落，尽管有些人想让我们相信这一点。我不相信，无论我们做些什么，我们都将命该如此，但我相信，如果我们什么也不做，我们将的确命该如此。

为此，让我们以掌握的一切创造力来开创一个国家复兴的时代吧。让我们重新拿出决心、勇气和力量，让我们重新建立起我们的信念和希望吧。我们完全有权去做英雄梦。

有人告诉我们在他的身上发现一本日记。扉页上写着这样的标题：我的誓言。 他写下了这样的话语：“美国必须赢得这场战争。为此，我会奋斗，我会拯救，我会牺牲，我会忍受，我会并将尽我最大的努力英勇奋战，就好比所有的战争问题都将由我一个人来肩负。”

比尔·克林顿1993年的就职演讲

同胞们：

今天，我们庆祝美国复兴的奇迹。这个仪式虽在隆冬举行，然而，我们通过自己的言语和向世界展示的面容，却促使春回大地——回到了世界上这个最古老的民主国家，并带来了重新创造美国的远见和勇气。

当我国的缔造者勇敢地向世界宣布美国独立，并向上帝表明自己的目的时，他们知道，美国若要永存，就必须变革。不是为变革而变革，而是为了维护美国的理想——为了生命、自由和追求幸福而变革。尽管我们随着当今时代的节拍前进，但我们的使命永恒不变。每一代美国人，都必须为作为一个美国人意味着什么下定义。今天，在冷战阴影下成长起来的一代人，在世界上负起了新的责任。这个世界虽然沐浴着自由的阳光，但仍受到旧仇宿怨和新的祸患的威胁。

我们在无与伦比的繁荣中长大，继承了仍然是世界上最强大的经济。但由于企业倒闭，工资增长停滞、不平等状况加剧，人民的分歧加深，我们的经济已经削弱。

当乔治·华盛顿第一次宣读我刚才宣读的誓言时，人们骑马把那个信息缓慢地传遍大地，继而又来船把它传过海洋。而现在，这个仪式的情景和声音即刻向全球几十亿人播放。通信和商务具有全球性，投资具有流动性；技术几乎具有魔力；改善生活的理想现在具有普遍性。今天，我们美国人通过同世界各地人民进行和平竞争来谋求生存。各种深远而强大的力量正在震撼和改造我们的世界，当今时代的当务之急，是我们能否使变革成为我们的朋友，而不是成为我们的敌人。

这个新世界已经使几百万能够参与竞争并且取胜的美国人过上了富裕的生活。但是，当多数人干得越多反而挣得越少的时候，当有些人根本不可能工作的时候，当保健费用的重负使众多家庭不堪承受、使大大小小的企业濒临破产的时候，当犯罪活动的恐惧使守法公民不能自由行动的时候，当千百万贫穷儿童甚至不能想象我们呼唤他们过的那种生活的时候，我们就没有使变革成为我们的朋 友。我们知道，我们必须面对严酷的事实真相，并采取强有力的步骤。但我们没有这样做，而是听之任之，以致损耗了我们的资源，破坏了我们的经济，动摇了我们的信心。

我们面临惊人的挑战，但我们同样具有惊人的力量，美国人历来是不安现状、不断追求和充满希望的民族，今天，我们必须把前人的远见卓识和坚强意志带到我们的任务中去。从革命、内战、大萧条，直到民权运动，我国人民总是下定决心，从历次危机中构筑我国历史的支柱。

托马斯·杰斐逊认为，为了维护我国的根基，我们需要时常进行激动人心的变革。美国同胞们，我们的时代就是变革的时代，让我们拥抱这个时代吧！

我们的民主制度不仅要成为举世称羡的目标，而且要成为举国复兴的动力。美国没有任何错误的东西不能被正确的东西所纠正。因此，我们今天立下誓言，要结束这个僵持停顿、放任自流的时代，一个复兴美国的新时代已经开始。

我们要复兴美国，就必须鼓足勇气。我们必须做前人无须做的事情。我们必须更多地投资于人民，投资于他们的工作和未来，与此同时，我们必须减少巨额债务。而且，我们必须在一个需要为每个机会而竞争的世界上做到这一切。这样做并不容易：这样做要求作出牺牲。但是，这是做得到的，而且能做得公平合理。我们不是为牺牲而牺牲，我们必须像家庭供养子女那样供养自己的国家。

我国的缔造者是用子孙后代的眼光来审视自己的。我们也必须这样做。凡是注意过孩子的双眼蒙眬进入梦乡的人，都知道后代意味着什么，后代就是将要到来的世界——我们为之坚持自己的理想，我们向之借用这个星球，我们对之负有神圣的责任。我们必须做美国最拿手的事情：为所有的人提供更多的机会，要所有的人负起更多的责任。

现在是破除只求向政府和别人免费索取的恶习的时候了。让我们大家不仅为自己和家庭，而且为社区和国家担负起更多的责任吧！

我们要复兴美国，就必须恢复我们民主制度的活力。这个美丽的首都，就像文明的曙光出现以来的每一个首都一样，常常是尔虞我诈、明争暗斗之地。大腕人物争权夺势，没完没了地为官员的更替升降而烦神，却忘记了那些用辛勤和汗水把我们送到这里来，并养活了我们的人。

美国人理应得到更好的回报。在这个城市里，今天有人想把事情办得更好一些。因此，我要对所有在场的人说：让我们下定决心改革政治，使权力和特权的喧嚣不再压倒人民的呼声。让我们撇开个人利益。这样我们就能觉察美国的病痛，并看到美国的希望。让我们下定决心，使政府成为富兰克林·罗斯福所说的进行“大胆而持久试验”的地方，成为一个面向未来而不是留恋过去的政府。让我们把这个首都归还给它所属于的人民。

我们要复兴美国，就必须迎接国内外的种种挑战。国外和国内事务之间已不再有明确的界限——世界经济、世界环境、世界艾滋病危机、世界军备竞赛，这一切都在影响着我们大家。

我们在国内进行重建的同时，面对这个新世界的挑战不会退缩不前，也不会坐失良机。我们将同盟友一起努力进行变革，以免被变革所吞没。当我们的重要利益受到挑战，或者，当国际社会的意志和良知受到蔑视，我们将采取行动——可能时就采用和平外交手段，必要时就使用武力。

今天，在波斯湾、索马里和任何其他地方为国效力的勇敢的美国人，都证明了我们的决心。

但是，我们最伟大的力量是我们思想的威力。这些思想在许多国家仍然处于萌芽阶段。看到这些思想在世界各地被接受，我们感到欢欣鼓舞。我们的希望，我们的心，与每一个大陆正在建立民主和自由的人们是连在一起的。他们的事业也是美国的事业。

美国人民唤来了我们今天所庆祝的变革。你们毫不含糊地齐声疾呼。你们以前所未有的人数参加了投票。你们使国会、总统职务和政治进程本身全都面目一新。是的，是你们，我的美国同胞们，促使春回大地。

现在，我们必须做这个季节需要做的工作。现在，我就运用我的全部职权转向这项工作。我请求国会同我一道做这项工作。任何总统、任何国会、任何政府都不能单独完成这一使命。同胞们，在我国复兴的过程中，你们也必须发挥作用。

我向新一代美国年轻人挑战，要求你们投入这一奉献的季节——按照你们的理想主义行动起来，使不幸的儿童得到帮助，使贫困的人们得到关怀，使四分五裂的社区恢复联系。要做的事情很多——确实够多的，以至几百万在精神上仍然年轻的人也可作出奉献。

在奉献过程中，我们认识到相互需要这一简单而又强大的真理。我们必须相互关心。今天，我们不仅是在赞颂美国，我们再一次把自己奉献给美国的理想：这个理想在革命中诞生，在两个世纪的挑战中更新；这个理想经受了认识的考验，大家认识到，若不是命运的安排，幸运者或不幸者有可能互换位置；这个理想由于一种信念而变得崇高，即我国能够从纷繁的多样性中实现最深刻的统一性，这个理想洋溢着一种信念：美国漫长而英勇的旅程必将永远继续。同胞们，在我们即将跨入21世纪之际，让我们以旺盛的精力和满腔的希望，以坚定的信心和严明的纪律开始工作，直到把工作完成。《圣经》说："我们行善，不可丧志，若不灰心，到了时候，就要收成。"

在这个欢乐的山巅，我们听见山谷里传来了要我们作出奉献的召唤。我们听到了号角声。我们已经换岗。现在，我们必须以各自的方式，在上帝的帮助下响应这一召唤。

谢谢大家！愿上帝保佑大家！

比尔·克林顿的离职演说

美国东部时间2001年1月18日晚间8时(北京时间1月19日上午9点)，即将离任的美国总统克林顿发表了电视讲话，对他8年任期美国社会、经济各方面的发展作出总结。全文如下。

同胞们：

今晚是我最后一次作为你们的总统，在白宫椭圆形办公室向你们做最后一次演讲。

我从心底深处感谢你们给了我两次机会和荣誉，为你们服务，为你们工作，和你们一起为我们的国家进入21世纪做准备。这里，我要感谢戈尔副总统，我的内阁部长们以及所有伴我度过过去8年的同事们。现在是一个极具变革的年代，你们为迎接新的挑战已经做好了准备。是你们使我们的社会更加强大，我们的家庭更加健康和安全，我们的人民更加富裕。

同胞们，我们已经进入了全球信息化时代，这是美国复兴的伟大时代。

作为总统，我所做的一切——每一个决定，每一个行政命令，提议和签署的每一项法令，都是在努力为美国人民提供工具和创造条件，来实现美国的梦想，建设美国的未来——一个美好的社会，繁荣的经济，清洁的环境，进而实现一个更自由、更安全、更繁荣的世界。

借助我们永恒的价值，我驾驭了我的航程。机会属于每一个美国公民；(我的)责任来自全体美国人民；所有美国人民组成了一个大家庭。我一直在努力为美国创造一个新型的政府：更小、更现代化、更有效率、面对新时代的挑战充满创意和思想、永远把人民的利益放在第一位、永远面向未来。

我们在一起使美国变得更加美好。我们的经济正在破着一个又一个的记录，向前发展。我们已创造了2200万个新的工作岗位，我们的失业率是30年来最低的，老百姓的购房率达到一个空前的高度，我们经济繁荣的持续时间是历史上最长的。

我们的家庭、我们的社会变得更加强大。3500万美国人曾经享受联邦休假，800万人重新获得社会保障，犯罪率是25年来最低的，1000多万美国人享受更多的入学贷款，更多的人接受大学教育。我们的学校也在改善。更高的办学水平、更大的责任感和更多的投资使得我们的学生取得更高的考试分数和毕业成绩。

目前，已有300多万美国儿童在享受着医疗保险，700多万美国人已经脱离了贫困线。全国人民的收入在大幅度提高。我们的空气和水资源更加洁净，食品和饮用水更加安全。我们珍贵的土地资源也得到了近百年来前所未有的保护。

美国已经成为地球上每个角落促进和平和繁荣的积极力量。

我非常高兴能于此时将领导权交给新任总统，强大的美国正面临未来的挑战。

今晚，我希望大家能从以下三点审视我们的未来：第一，美国必须保持它的良好财政状况。通过过去四个财政年度的努力，我们已经把破纪录的财政赤字变为破纪录的盈余。并且，我们已经偿还了6000亿美元的国债，我们正向10年内彻底偿还国家债务的目标迈进，这将是1835年以来的第一次。

只要这样做，就会带来更低的利率、更大的经济繁荣，从而能够迎接将来更大的挑战。如果我们做出明智的选择，我们就能偿还债务，解决(第二次世界大战后出生的)一大批人们的退休问题，对未来进行更多的投资，并减轻税收。

第二，世界各国的联系日益紧密。为了美国的安全与繁荣，我们应继续融入世界。在这个特别的历史时刻，更多的美国人民享有前所未有的自由。我们的盟国更加强大。全世界人民期望美国成为和平与繁荣、自由与安全的力量。全球经济给予美国民众以及全世界人民更多的机会去工作、生活，更体面地养活家庭。

但是，这种世界融合的趋势一方面为我们创造了良好的机会，但同时使得我们在全球范围内更容易遭致破坏性力量、恐怖主义、有组织的犯罪、贩毒活动、致命性武器和疾病传播的威胁。

尽管世界贸易不断扩大，但它没能缩小处于全球经济繁荣中的我们同数十亿处于死亡边缘的人们之间的距离。

要解决世界贫富两极分化需要的不是同情和怜悯，而是实际行动。贫穷有可能被我们的漠不关心激化而成为火药桶。

托马斯·杰斐逊在他的就职演说中告诫我们结盟的危害。但是，在我们这个时代，美国不能，也不可能使自己脱离这个世界。如果我们想把我们共有的价值观赋予这个世界，我们就必须共同承担起这个责任。

如果20世纪的历次战争，尤其是新近在科索沃地区和波斯尼亚爆发的战争，能够让我们得到某种教训的话，我们从中得到的启示应是：由于捍卫了我们的价值观并领导了自由和和平的力量，我们才达到了目标。我们必须坚定勇敢地拥抱这个信念和责任，在语言和行动上与我们的同盟者们站在一起，领导他们按这条道路前进；循着在全球经济中以人为本的观念，让不断发展的贸易能够使所有国家的所有人受益，在全世界范围内提高他们的生活水平和实现他们的梦想。

第三，我们必须牢记如果我们不团结一致，美国就不能领先世界。随着我们变得越来越多样化，我们必须更加努力地团结在共同价值观和共同人性的旗帜下。

我们要加倍努力地工作，克服生活中存在的种种分歧。于情于法，我们都要让我们的人民受到公正的待遇，不论他是哪一个民族、信仰何种宗教、什么性别或性倾向，或者何时来到这个国家。我们时时刻刻都要为了实现先辈们建立高度团结的美利坚合众国的梦想而奋斗。

希拉里（克林顿的妻子）、切尔西（克林顿的女儿）和我同美国人民一起，向即将就任的布什总统、他的家人及美国新政府致以衷心的祝福，希望新政府能够勇敢面对挑战，并高扛自由大旗在新世纪阔步前进。

对我来说，当我离开总统宝座时，我充满更多的理想，比初进白宫时更加充满希望，并且坚信美国的好日子还在后面。

我的总统任期就要结束了，但是我希望我为美国人民服务的日子永远不会结束。在我未来的岁月里，我再也不会担任一个能比美利坚合众国总统更高的职位、签订一个比美利坚合众国总统所能签署的更为神圣的契约了。当然，没有任何一个头衔能让我比作为一个美国公民更为自豪的了。

谢谢你们！愿上帝保佑你们！愿上帝保佑美国！

乔治·布什2001年的就职演说

尊敬的芮恩奎斯特大法官、卡特总统、布什总统、克林顿总统、尊敬的来宾们、我的同胞们：

这次权利的和平过渡在历史上是罕见的，但在美国是平常的。我们以朴素的宣誓庄严地维护了古老的传统，同时开始了新的历程。

首先，我要感谢克林顿总统为这个国家做出的贡献，也感谢副总统戈尔在竞选过程中的热情与风度。

站在这里，我很荣幸，也有点受宠若惊。在我之前，许多美国领导人从这里起步；在我之后，还会有许多领导人从这里继续前进。

在美国悠久的历史中，我们每个人都有自己的位置；我们还在继续推动着历史前进，但是我们不可能看到它的尽头。这是一部新世界的发展史，是一部后浪推前浪的历史。这是一部美国由奴隶制社会发展成为崇尚自由的社会的历史。这是一个强国保护而不是占有世界的历史，是捍卫而不是征服世界的历史。这就是美国史。它不是一部十全十美的民族发展史，但它是一部在伟大和永恒理想指导下几代人团结奋斗的历史。

这些理想中最伟大的是正在慢慢实现的美国的承诺，这就是：每个人都有自身的价值，每个人都有成功的机会，每个人天生都会有所作为。美国人民肩负着一种使命，那就是要竭力将这个诺言变成生活中和法律上的现实。虽然我们的国家过去在追求实现这个承诺的途中停滞不前甚至倒退，但我们仍将坚定不移地完成这一使命。

在上个世纪的大部分时间里，美国自由民主的信念犹如汹涌大海中的岩石。现在它更像风中的种子，把自由带给每个民族。在我们的国家，民主不仅仅是一种信念，而是全人类的希望。民主，我们不会独占，而会竭力让大家分享。民主，我们将铭记于心并且不断传播。225年过去了，我们仍有很长的路要走。

有很多公民取得了成功，但也有人开始怀疑，怀疑我们自己的国家所许下的诺言，甚至怀疑它的公正。失败的教育，潜在的偏见和出身的环境限制了一些美国人的雄心。有时，我们的分歧是如此之深，似乎我们虽身处同一个大陆，但不属于同一个国家。我们不能接受这种分歧，也无法容许它的存在。我们的团结和统一，是每一代领导人和每一个公民的严肃使命。在此，我郑重宣誓：我将竭力建设一个公正、充满机会的统一国家。我知道这是我们的目标，因为上帝按自己的身形创造了我们，上帝高于一切的力量将引导我们前进。

对这些将我们团结起来并指引我们向前的原则，我们充满信心。血缘、出身或地域从未将美国联合起来。只有理想，才能使我们心系一处，超越自己，放弃个人利益，并逐步领会何谓公民。每个孩子都必须学习这些原则。每个公民都必须坚持这些原则。每个移民，只有接受这些原则，才能使我们的国家不丧失而更具美国特色。今天，我们在这里重申一个新的信念，即通过发扬谦恭、勇气、同情心和个性的精神来实现我们国家的理想。美国在它最鼎盛时也没忘记遵循谦逊有礼的原则。一个文明的社会需要我们每个人品质优良，尊重他人，为人公平和宽宏大量。

有人认为我们的政治制度是如此的微不足道，因为在和平年代，我们所争论的话题都是无关紧要的。但是，对我们美国来说，我们所讨论的问题从来都不是什么小事。如果我们不领导和平事业，那么和平将无人来领导；如果我们不引导我们的孩子们真心地热爱知识、发挥个性，他们的天分将得不到发挥，理想将难以实现。如果我们不采取适当措施，任凭经济衰退，最大的受害者将是平民百姓。

我们应该时刻听取时代的呼唤。谦逊有礼不是战术也不是感情用事。这是我们最坚定的选择——在批评声中赢得信任；在混乱中寻求统一。如果遵循这样的承诺，我们将会享有共同的成就。

美国有强大的国力作后盾，将会勇往直前。

在大萧条和战争时期，我们的人民在困难面前表现得无比英勇，克服我们共同的困难体现了我们共同的优秀品质。现在，我们正面临着选择，如果我们作出正确的选择，祖辈一定会激励我们；如果我们的选择是错误的，祖辈会谴责我们。上帝正眷顾着这个国家，我们必须显示出我们的勇气，敢于面对问题，而不是将它们遗留给我们的后代。

我们要共同努力，健全美国的学校教育，不能让无知和冷漠吞噬更多的年轻生命。我们要改革社会医疗和保险制度，在力所能及的范围内拯救我们的孩子。我们要减低税收，恢复经济，酬谢辛勤工作的美国人民。我们要防患于未然，懈怠会带来麻烦。我们还要阻止武器泛滥，使新的世纪摆脱恐怖的威胁。

反对自由和反对我们国家的人应该明白：美国仍将积极参与国际事务，力求世界力量的均衡，让自由的力量遍及全球。这是历史的选择。我们会保护我们的盟国，捍卫我们的利益。我们将谦逊地向世界人民表示我们的目标。我们将坚决反击各种侵略和不守信用的行径。我们要向全世界宣传孕育了我们伟大民族的价值观。

正处在鼎盛时期的美国也不缺乏同情心。

当我们静心思考，我们就会明了根深蒂固的贫穷根本不值得我国作出承诺。无论我们如何看待贫穷的原因，我们都必须承认，孩子敢于冒险不等于在犯错误。放纵与滥用都为上帝所不容。这些都是缺乏爱的结果。监狱数量的增加虽然看起来是有必要的，但并不能代替我们心中的希望——人人遵纪守法。

哪里有痛苦，我们的义务就在哪里。对我们来说，需要帮助的美国人不是陌生人，而是我们的公民；不是负担，而是急需救助的对象。当有人陷入绝望时，我们大家都会因此变得渺小。

对公共安全和大众健康，对民权和学校教育，政府都应负有极大的责任。然而，同情心不只是政府的职责，更是整个国家的义务。有些需要是如此的迫切，有些伤痕是如此的深刻，只有导师的爱抚、牧师的祈祷才能有所感触。不论是教堂还是慈善机构、犹太会堂还是清真寺，都赋予了我们的社会它们特有的人性，因此它们理应在我们的建设和法律上受到尊重。

我们国家的许多人都不知道贫穷的痛苦。但我们可以听到那些感触颇深的人们的倾诉。我发誓我们的国家要达到一种境界：当我们看见受伤的行人倒在远行的路上，我们决不会袖手旁观。

正处于鼎盛期的美国，重视并期待每个人担负起自己的责任。

鼓励人们勇于承担责任不是让人们充当替罪羊，而是对人的良知的呼唤。虽然承担责任意味着牺牲个人利益，但是你能从中体会到一种更加深刻的成就感。

我们实现人生的完整，不单是通过摆在我们面前的选择，而且是通过我们的实践。我们知道，通过对整个社会和我们的孩子们尽我们的义务，我们将得到最终自由。

我们的公共利益依赖于我们独立的个性；依赖于我们的公民义务，家庭纽带和基本的公正；依赖于我们无数的、默默无闻的体面行动，正是它们指引我们走向自由。

在生活中，有时我们被召唤着去做一些惊天动地的事情。但是，正如我们时代的一位圣人所言，每一天我们都被召唤带着挚爱去做一些小事情。一个民主制度最重要的任务是由大家每一个人来完成的。

我为人处事的原则包括：坚信自己而不强加于人，为公众的利益勇往直前，追求正义而不乏同情心，勇担责任而决不推卸。我要通过这一切，用我们历史上的传统价值观来哺育我们的时代。

(同胞们)，你们所做的一切和政府的工作同样重要。我希望你们不要仅仅追求个人享受而忽略公众的利益；要捍卫既定的改革措施，使其不会轻易被攻击；要从身边小事做起，为我们的国家效力。我希望你们成为真正的公民，而不是旁观者，更不是臣民。你们应成为有责任心的公民，共同来建设一个互帮互助的社会和有特色的国家。

美国人民慷慨、强大、体面，这并非因为我们信任我们自己，而是因为我们拥有超越我们自己的信念。一旦这种公民精神丧失了，无论何种政府计划都无法弥补它。一旦这种精神出现了，无论任何错误都无法抗衡它。

在《独立宣言》签署之后，弗吉尼亚州的政治家约翰·佩齐曾给托马斯·杰弗逊写信说：“我们知道，身手敏捷不一定就能赢得比赛，力量强大不一定就能赢得战争。难道这一切不都是上帝安排的吗？”

杰斐逊就任总统的那个年代离我们已经很远了。时光飞逝，美国发生了翻天覆地的变化。但是有一点他肯定能够预知，即我们这个时代的主题仍然是：我们国家无畏向前的恢宏故事和它追求尊严的纯朴梦想。

我们不是这个故事的作者，是杰斐逊作者本人的伟大理想穿越时空，并通过我们每天的努力在变为现实。我们正在通过大家的努力在履行着各自的职责。

带着永不疲惫、永不气馁、永不完竭的信念，今天我们重树这样的目标：使我们的国家变得更加公正、更加慷慨，去验证我们每个人和所有人生命的尊严。

这项工作必须继续下去。这个故事必须延续下去。上帝会驾驭我们航行的。

愿上帝保佑大家！愿上帝保佑美国！

小布什2005年的就职演说

今天，按照宪法规定我们举行这个仪式。我们在此欢庆我国宪法那历久弥新的智慧，重温使我们国家团结如一的深切责任感。我感佩这个时刻带来的荣耀，意识到我们时代的期盼并期待着完成我的誓言，请你们作证。

这是我们的第二次聚会，我们的责任并非由我的讲演来确定，它源于我们当前历史时期的要求。半个世纪以来，美国一直在遥远的边界上捍卫着我们的自由……我们有相对平静、懒散的岁月，而后是火光四射的那一天。

我们已明了自身的弱点，我们也深知其根源。只要世界某些区域酝酿着不满、滋生着暴君，就会产生宣扬仇恨和为屠杀寻找借口的意识形态，就会聚集暴力和毁灭的能量，它们会越过严密把守的边界带来毁灭的威胁。

这个世界只存在一种力量可以冲决仇恨、揭露暴君的虚伪、扶植容忍、培育尊严，那就是人类的自由。历史和常识引导我们得出一个结论：自由是否能在我们的土地上存在，正日益依赖于自由在别国的胜利，对和平的热切期望只能源于自由在世界上的扩展。关系到美国生死存亡的利益和我们基本的信念合而为一。

自立国始，我们就一直宣告：生于世间的每个男女都拥有他们的权利、尊严和无可比拟的价值，因为他们拥有创造天地之神的形像。

我们的每一届政府，都重申着民有政权的重要性，因为没有什么人更适合成为主人而另一些人活该做奴隶。实现这一理念的使命是我们的立国之本，我们的先辈们荣耀地完成了这一使命。

现在，进一步扩展这一理念是国家安全的要求，是我们的当务之急。因此，美国的政策是谋求并支持每一个国家及其文化中的民主运动和民主机制的发展，最终目标是在全世界结束任何极权制度。

实现这个目标最终不应由暴力达成。但在必要时，我们将以武力自卫，并保卫我们的朋友。从本质上讲，自由必须由公民去选择，去捍卫，并通过立法加以维护，同时保护弱者。

当一个国家的人民最终选择自由时，它的制度将反映着不同于我们的文化和传统。美国将不会强迫任何国家接受我们的国家体制；我们的目的是帮助其他国家找到自己的声音、获得自己的自由、开创属于自己的自由之路。

终结专制统治的远大目标需要一代又一代人的共同努力，任务的艰巨不是无所作为的借口。美国的影响有限，但值得那些受压迫者庆幸的是，美国的影响也是有力的；为了自由的大业，我们将信心百倍地运用自己的影响力帮助你们。保卫我们的国家和人民不再受到袭击和威胁，是我最神圣的职责。

有些人愚顽狂妄地要试探美国的决心，他们看到的定是我们坚不可摧的意志。我们坚定地给每一个国家的统治者提出这样的选择：请在压迫——这终究是错的，与自由——这永远是正确的，之间做出道义的选择。

美国不会装模作样地默认被关押的异议者自我选择枷锁，也不会默认妇女遭受屈辱和奴役，同样不会默认任何人类的一员在强权下忍气吞声地生活。我们将鼓励别国政府的改革，我们将明确地表示：必须善待本国人民才能与美国建立良好的关系。

美国相信人类的尊严，这种信念是我们制定政策的指南。但是人权不能仅是独裁者勉强做出的违心的让步，人权必须由发表不同意见（即反对）的自由和人民的平等参政权利来保障。

从长远看，没有自由，就没有正义；没有自由，就不可能有人权。我知道，有些人对于我们在全球传播自由的理念心存疑虑，尽管最近的四十年间自由得到了空前迅猛的发展，这种疑虑在今天似乎不合时宜。

全体美国人民不应被我们理念的力量所惊吓。总有一天，自由呼唤将叩开每一个心灵，触动每一个灵魂。我们拒绝专制年复一年地存在，因为我们无法接受暴政带来的永久的奴役。自由终将来到热爱她的人们中间。

今天，美国向世界各国人民重申：那些生活在专制下绝望的人民应该知道，美利坚合众国不会漠视你们遭受的压迫，也不会姑息那些压迫者。当你们挺起胸膛争取自由时，美国将和你们站在一起。那些面对着压制、监禁和流放的民主斗士应该知道，美国对你们的作为了然于心——你们是未来自由国家的领袖。那些践踏法律的统治者应该知道，美国仍然坚守林肯总统的信念："那些剥夺他人自由的人不配享有自由；在公正的上帝面前，这种人的统治不可能长久。"那些习惯于控制人民的政府领导人应该知道：为了服务人民，你必须学会信任人民；当你踏上这条通往进步和正义的道路，美国将站在你这一边。

美国的所有盟友们应该知道：我们珍视我们的友谊，我们倾听你们的建议，我们依赖于你们的帮助。在自由国家间制造分裂，是专制者的首要目的。自由国家齐心协力推进民主，将敲响专制政权的丧钟。

今天，我也要对美国的公民们重申：保卫国家安全是一项艰巨的任务，我请求你们一如既往地给予更多的耐心。我们的国家担负着千难万险的义务，半途而废将是一种耻辱。我们的行动继承了我们国家解放者的传统，成千上万的人们已经因此获得了自由。

希望点燃新的希望，越来越多的人将看到希望的火光。通过我们的努力，我们在人们的心中点燃了自由的火种，温暖着感受到它的力量的人们，烧毁那些试图阻挠自由的羁绊；终有一天，这永不熄灭的自由之火将燃遍这个世界最阴暗的角落。

一些美国人已经担负起了这项事业中极为困难的任务——或以默默奉献的精神从事情报和外交工作，或以理想主义热忱帮助一些国家建立自由政府，或冒着生命危险义无反顾地和敌人进行斗争。

他们中有一些人为国家献出了宝贵生命，我们将永远铭记他们的名字和他们的牺牲精神。所有的美国人都亲眼见证了这种理想主义，有些人是平生第一次看到，我请求我们最年轻的一代人相信自己的亲眼所见。从士兵们坚毅的面孔，你们看到了恪尽职守和忠诚不二的精神。你们也看到了生命极为脆弱，邪恶并非虚幻，而勇气则所向无敌。

请做出选择，确定一个你愿意献身的事业，这项事业将超越你的需求、超越你的自我——这样，等到你们长大成人，你们不仅会为我们的国家创造财富，更会为我们的国民精神增光添彩。

美国需要理想主义，需要勇气，因为国内还有重要任务——那就是尚未完成的美国自由大业。在一个走向自由的世界里，我们决心展示自由的意义和自由的承诺。

在美国自由的信念里，公民享有人的尊严和经济上的独立，不是终日劳碌，勉强糊口。这就是广义的自由，是我们起草《房屋法案》、《社会安全法案》和《退伍军人权益法案》的动因。

现在，我们将改革这些伟大的制度以更好地服务于我们的时代，并扩展自由的视野。为了让每个人都有机会分享国家的承诺和未来，我们将用最高标准来建设我们的学校，建立一个有产者社会。我们要让更多的人拥有自己的住房、事业、退休金和医疗保险(注：美国人已有这种保险，他是在推销他的改革计划)——让我们的人民有备无患地面对自由社会的挑战。当每个公民都有能力主宰自己的命运，我们就会使美国人免于贫困和恐惧，享有更大的自由，从而使我们的社会更繁荣、更公正、更平等。

在美国的自由理念里，公众利益依赖于个人品质——完善的人格、宽容忍让的品性和理性的生活准则。说到底，民主依赖于良好的自我管理。

这座品格的大厦奠基于家庭之中，由高质量的邻里和社区关系来支撑，并在我们的国民生活里贯彻始终；它依赖于西奈箴言（十戒）、登山宝训、可兰经的教诲，以及各种各样的信仰得到滋养。每一代美国人都传承了上一代的真与善，并借此不断前进——任时光流转，公正的理想和正义的行为，昨天、今天、将来，都始终如一。

在美国的自由理想里，服务公众、善待他人、同情弱者赋予了个人权利以高贵的品质。人人享有自由并不意味着人人隔膜疏离。我们的国家依赖于那些呵护邻里、关爱失意者的男男女女。美国人最好的表现在于珍视每一个人的生活，必须永远记住即使是那些被遗弃的人也有他们的价值。我们的国家一定要抛弃一切种族主义习性，因为我们不能在传播自由的观念时，依然背着偏见的包袱。以每一天观之，包括我宣誓就职的今天，摆在我们国家面前的问题数不胜数。

以数百年观之，我们面对的问题集中而突出。这些问题无非是：我们这一代有没有拓展自由的疆界？我们的所作所为有没有为自由的事业增添光彩？这些问题裁量着我们的作为，也把我们团结在一起。

因为所有美国人——不论党派、背景，也不论是血统上的美国人，或是归化来的美国人——在推进自由的事业上不可分离。

我们经历过分歧，必须弥合裂痕才能向着伟大的目标迈进——我将用最大的诚意去努力弥合这种裂痕。但是这种裂痕并不是美国的特性。当自由受到攻击时，我们曾经深深地感受国家团结的力量和同胞的情谊，我们的反应万众一心，我们的回击同仇敌忾。

每当美国为了正义的事业而奋起前行，给灾民送去希望，以正义抗击不义，为囚徒砸碎锁链，我们都体会到那一如既往的团结力量并为此感到自豪。自由终将获得胜利，我们满怀信心，向着这个目标前进。历史的发展道路并非无可改变，人类做出的选择才推动了历史前进的方向。我们并没有自认为是上帝的选民，上帝依照自己的意志，推动历史，做出选择。

我们坚信：自由是人类永恒的希望，是黑暗中的渴求，是灵魂深处的期盼。当国父们宣告了世代相传的自由准则时，当一批批士兵为了保卫自由的联邦而献出自己的生命时，当民众们高举“现在就要自由”的旗帜，强忍怒火和平抗议时——他们在实践着那古老的自由希望，这希望一定会成为现实。

虽然公正在历史长河潮起潮落，但历史总有一条清晰的脉络，那就是自由本身的轨迹，它是自由的创造者留给我们的路标。

当《独立宣言》第一次向公众宣读、自由之钟在庆典上敲响时，一个亲眼目睹的人这样说道：“它在鸣响着，似乎意味深长。”在这朝气蓬勃的新世纪里，美国将把自由撒播到世界的每一个角落，传递给那里的每一个居民。美国将重振雄风——饱经砥砺，依然不倦不怠——时刻准备着去成就人类自由史上最伟大的业绩。

愿上帝保佑你们！愿上帝护佑美利坚合众国！

参考文献

[1] 刘革学. 美国总统的谋略[M]. 北京：东方出版社，2009.

[2] 肖剑. 美元上的头像[M]. 北京：中国工人出版社，2003.

[3] 葛维实. 最受欢迎的幽默口才[M]. 北京：中国城市出版社，2010.

[4] 墨青. 世界名人幽默精品大全[M]. 北京：石油工业出版社，2005.